최여진의 헬로 골프

매력 넘치는 골프 100배 즐기기

최여진의 헬로 골프

최여진 지음

아라크네

저자의 말

'욕심을 버려야지.'

'반드시 힘을 빼고 스윙할 거야.'

늘 마음을 굳게 먹고 필드로 나선다. 그러나 막상 티잉 그라운드에 올라서면 자신도 모르게 힘이 바짝 들어가 버린다. 골프공은 나의 결심을 외면하고 자유롭게 날아다닌다.

동반자들이 어떻게 치는지 구경하기도 힘들고 골프장이 어떻게 생겼는지 기억마저 없는 것이 많은 골퍼들이 회상하는 첫 라운드의 추억이 아닐까 싶다.

"이 골프장은 페어웨이가 좁네."

"핸디 좀 줄까?!"

어느 날부터였을까? 골프장 경관도 보이기 시작하고, 다른 사람이 치는 모습도 보게 되고, 어느새 동반자의 스코어를 세고 있는 여유가 몸에 생긴다. 시간이 흐르고, 어느 정도 골프와 친숙한 사이가 되었다. 하지만 마음먹은 대로만 되면 얼마나 좋을까?

"드라이버만 잘 맞으면 100타를 깰 수 있을 텐데."

드라이버가 잘 맞기 시작하면 아이언이 안 맞고, 드라이버와 아이언이 잘 맞으면 퍼팅이 안 된다. 오늘 잘 맞았으니 내일도 잘 맞을 거라 생각하지만 한 골프장을 수없이 라운드해 봐도 똑같은 상황이 연출되는 일은 없다. 어쩌면 이런 것들이 골프의 매력일지도 모르겠다.

이렇듯 매력 넘치는 골프를 어떻게 해야 쉽고 간단하게 풀어낼 수 있을까? 언제쯤이면 골프가 포근한 친구처럼 생각만 해도 기분이 좋아지고 마음이 편안해질 수 있을까?

고민하면 할수록, 배우면 배울수록 골프가 어렵다고 말하는 사람들이 있다. 그때마다 약간의 조언을 해 주며 이런 생각들이 쌓이기 시작했다.

'만약 나만의 노하우들을 하나로 모아 보여 준다면 더 많은 이들에게 싱글로 빨리 가는 지름길을 찾도록 도와줄 수 있지 않을까? 어려운 골프가 아닌, 친숙하고 즐거운 골프를 즐길 수 있게 말이다.'

이런 생각들을 모아서 이 책을 만들게 되었다.

골프를 사랑하는 이들에게 프로로서 지난 세월 동안 쌓아 왔던 경험과 노하우를 전하고 싶었다. 초보 골퍼들은 어려운 이론보다는 마치 잡지를 한 장 한 장 넘기듯 사진만 보고도 쉽게 이해할 수 있도록, 중 · 상급의 골퍼들은 실질적으로 꼭 알아야 하는 문제의 원인과 해결 방법을 터득할 수 있도록 노력하였다. 이 책을 만난 사람들이 조금이라도 재미있고 쉽게 골프를 즐길 수 있게 된다면 원고를 쓰느라 밤을 샜던 날들이 보람으로 기억될 것 같다.

언제부터인지 나는 "Hello?" "언제 밥 한번 먹자."라고 안부를 묻듯 "골프 잘 돼?" "요즘은 공이 잘 맞아?"라고 인사하게 되었다.

그리고 나는 모든 골퍼들이 이와 같은 인사말에 "응, 잘 맞지." "우리 언제 치러 갈까?" "공 한번 치러 가자."라고 자신 있게 대답할 수 있는 날이 오길 바란다.

Dreams come true!

이 책을 본 당신도 언제 어디서나 시원시원하게 자신감 있는 목소리로 대답하게 될 것이라고 확신한다. 그리고 언젠가는 오히려 나처럼 묻게 될 것이다.

"헬로 골프?"

당신의 골프는 안녕하십니까?

최여진

CONTENTS

part • 03
드라이버, 굿 샷을 원하세요?

part • 04
퍼펙트 스윙은 어떤 걸까요?

part • 05
우드, 부드럽게 쳐야겠죠?

part • 06
아이언, 정확하게 쳐야겠죠?

part • 07
트러블 샷이 어려우시다고요?

part • 08
쇼트 게임, 역시 만만치 않죠?

part • 09
벙커에만 들어가면 왜 작아질까요?

part • 10
퍼팅, 반드시 넣어야겠죠?

part • 11
어느 날, 고질병에 걸리셨다고요?

part • 12
고수들은 이럴 때 어떻게 할까요?

부록
필드 가는 날

part
01

어떻게 연습하고 계신가요?

연습장에서는 프로인데 실전에서는 아마추어

연습장에서의 효율적인 연습 방법

일정한 스윙은 일정한 리듬과 템포에서

연습장에서는 프로인데 실전에서는 아마추어

> 프로는 본 데로 치고 아마추어는 친 데로 간다.
> 항상 '굿 샷'을 생각하며 긍정적으로 연습 스윙하자.

연습장에서는 프로 못지않은 스윙과 실력을 선보이는 사람이라도, 필드에 나서기만 하면 제 스코어를 못 내는 경우가 빈번하다. 대개 연습 방법에 문제가 있는 경우이다.

연습 스윙은 곧 골프 실력이라 말해도 무방할 만큼 중요하다. 그러나 우리는 주변에서 연습 스윙의 중요성을 제대로 인지하지 못한 채 의미 없는 스윙만 하는 골퍼들을 빈번히 볼 수 있다. 중요한 것은 단 한 번이라도 정확히 지금 자신이 어떤 자세로 어떻게 골프공을 마주하고 치는지 깨닫는 것이다. 볼을 치기 전에 연습 스윙을 먼저 하는 습관을 들여 보자.

비거리가 목적이라면 스윙 리듬을 생각하며 연습하고, 방향성이 목적이라면 헤드가 지나가는 방향을 생각하며 연습한다. 만약 거리감이 부족한 골퍼라면 연습 스윙을 통해 거리감을 미리 체감해 보는 것이 좋다.

〈연습 스윙〉

무엇이든 처음부터 능숙한 사람은 없다. 자신만의 목표를 세우고 연습하자. 어느 순간, 자신도 모르는 사이에 실력이 향상된 것을 느끼게 될 것이다. 뿐만 아니라 실전에서도 예전보다 훨씬 자신감 있게 볼을 치게 될 것이다.

→ 초급자들의 일반적인 연습 형태

- 1층에서 연습한다.
- 그립 잡는 데 열중한다.
- 목표 방향 설정 없이 타석에서 치는 것에만 열중한다.
- 드라이버 샷으로 시작한다.
- 한 가지 클럽만 사용하여 잘 맞을 때까지 연습한다.
- 쉬지 않고 계속 연습한다.

→ 상급자들의 일반적인 연습 형태

- 드라이버는 2층 또는 3층에서 연습하고 어프로치는 1층에서 연습한다.
- 가벼운 스트레칭으로 몸을 유연하게 만들어 둔다.
- 목표 방향을 설정한 다음 정확하게 에임한다.
- 짧은 클럽으로 시작한다.
- 다양한 클럽을 두루 사용하며 연습한다.
- 쉬엄쉬엄 연습한다.

연습장에서의 효율적인 연습방법

연습장에서도 "실전에 임한다"라는 생각을 갖고 연습을 해야 필드에서 자연스러운 스윙이 나온다.

연습을 할 때는 우선 짧은 클럽으로 시작한 후 어느 정도 몸이 풀렸다 생각될 때 긴 클럽으로 연습하는 것이 좋다. 그리고 잘 맞지 않는 클럽보다는 잘 맞는 클럽부터 연습하는 것이 좋다. 자신 있는 클럽이든 자신 없는 클럽이든 시간을 골고루 분배하여 연습하는 것이 가장 효율적이며 이때 쌓인 자신감은 실전에서도 큰 도움이 된다.

연습장에서는 한자리에서만 연습하기 때문에, 볼을 치다 보면 어느새 그립과 어드레스, 에임이 변형되게 마련이다. 그러므로 연습 중간 중간 반드시 그립, 어드레스, 에임을 재점검해야 한다.

Point

- 드라이버 샷이나 아이언 샷을 연습할 때에는 자신이 목표로 하는 방향을 설정하자. 목표점으로 정확히 볼을 보낼 수 있을 때까지 연습한 뒤, 목표 방향을 조금씩 바꿔 가며 쳐 보자. 실력 향상에 큰 도움이 되는 연습이다.
- 어프로치 샷은 굴리기와 띄우기를 함께 연습하는 것이 중요하다.

티잉 그라운드에 올라서면 클럽을 들고 방향 설정을 하거나 연습 스윙을 한 다음 볼을 치게 마련이다. 평소 연습장에서 '실전에 임한다'라는 감각으로 실전과 같은 연습을 해두어야 필드에서도 당황하지 않고 자연스러운 플레이를 펼칠 수가 있다.

시간제 연습장을 이용하는 골퍼들의 경우, 시간에 쫓겨 볼을 많이만 치려 할 때가 많다. 그러나 중요한 것은 효율성과 완성도이다. 실전에 임한다는 생각으로 한 타 한 타 집중해서 연습해야만 효과를 얻을 수 있다.

실전 코스는 대부분 티잉 그라운드 위에서 코스를 내려다보는 경우가 많다. 때문에 1층에서 드라이버 샷을 연습하게 되면 걷어 올리는 현상이 생길 수 있으므로 드라이버 샷을 연습할 때는 2층 이상 위에서 내려다보는 곳에서 연습하는 게 좋다. 반대로 어프로치를 연습할 때는 떨어뜨리는 지

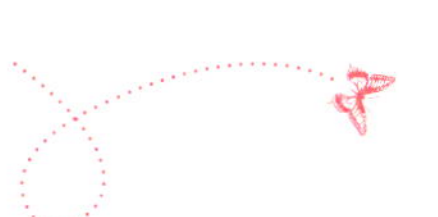

점을 생각하며 1층에서 연습하는 게 좋다.

연습장에서 볼을 칠 경우에도 반드시 루틴을 포함한 연습을 해야 한다. 평소 하지 않던 루틴을 실전 코스에서 적용하려 한다면 오히려 더 긴장되고 몸에 힘이 들어가기 쉽기 때문이다.

연습장에서 볼만 치기 바빴던 골퍼들의 예를 들어 보자. 실전 코스의 티잉 그라운드에 올라서서 목표점으로 클럽을 뻗어 보며 방향 설정도 하고, 한두 번 정도 연습 스윙도 한다. 그리고 티에 놓인 볼을 바라보며 헤드업 하지 않겠다는 비장한 각오와 함께 볼을 맞추는 데만 집중한다.

이렇듯 연습장에서는 하지 않던 행동들을 실전에서 시도하다 보면 힘만 잔뜩 들어갈 뿐, 몸이 풀릴 때까지는 연습장에서의 자연스러운 스윙이 나오기 힘들다. 그러므로 실전에 도움이 될 수 있게 연습장에서도 실전과 같은 방법으로 연습해 두고, 연습 마무리는 실전 코스를 돈다는 생각으로 정리하는 것이 좋다.

→ 티잉 그라운드 활용 방법

구질에 따라 티 위치를 선정한다.

- 훅 구질 : 티잉 그라운드 왼쪽에서 오른쪽을 겨냥해서 친다.
- 슬라이스 구질 : 티잉 그라운드 오른쪽에서 왼쪽을 겨냥해서 친다.

〈일반적인 프리 샷 루틴의 예〉

1 티를 꽂는다.

2 목표 방향을 설정한다.

3 볼을 보낼 지점을 생각하며 연습 스윙한다.

대부분의 골퍼들은 첫 티잉 그라운드에 올라가 티에 볼을 올리고 어드레스를 취한 뒤 곧바로 샷을 시작한다. 그러나 볼을 치기 위한 준비 자세가 성급하면 결코 좋은 샷을 기대할 수 없다. 연습장에서도 역시 충분한 어드레스 시간을 갖자. 이 같은 반복 학습은 실전에서도 좋은 자세로 볼을 칠 수 있도록 만들어 줄 뿐만 아니라, 티잉 그라운드에 올라가서도 편안한 스윙을 할 수 있도록 심리적 안정감을 만들어 준다.

4 클럽 페이스를 목표 방향에 맞춘다. **5** 어드레스를 취한다. **6** 스윙을 실행한다.

'실전에 임한다'라는 생각으로 연습장에서도 자신만의 프리 샷 루틴을 정해 두길 바란다.

Point

골프는 이미지 스윙이 중요하다. 연습할 시간이 부족하다면 프로들의 스윙을 자주 보며 자신의 스윙과 어떻게 다른지 분석하고 이미지 트레이닝을 해보자. TV 중계나 골프 프로그램을 자주 보는 것만으로도 연습 효과는 크다. 특히 체형이 비슷하거나 스윙이 좋다고 생각되는 프로 선수의 프리 샷 루틴을 따라해 보는 것도 많은 도움이 된다.

일정한 스윙은 일정한 리듬과 템포에서

"위기 상황에서는 평소보다 여유를 갖고, 느린 스윙을 구사하라. 또한 머릿속에 '완벽한 스윙을 해야 한다'는 강박감을 갖지 말고, 리듬과 템포만을 생각하자."

일정한 스윙을 위해 반드시 필요한 요소는 스윙 리듬과 템포 그리고 타이밍이다. 그중에서 리듬과 템포는 방향과 거리에 결정적인 영향을 미친다. 뿐만 아니라 리듬과 템포가 좋아야만 비거리, 페어웨이 적중률, 그린 적중률이 높아진다.

골프는 짧은 순간에도 리듬과 템포가 깨질 수 있는 매우 예민한 운동이다. 따라서 자신만의 리듬이나 템포가 없는 골퍼는 스코어 또한 들쑥날쑥할 수밖에 없다.

Point

"템포의 빠르기는 삼박자."라는 이야기를 많이들 한다. 일정한 리듬과 템포로 "백두산 백두산." "최여진 최여진." 또는 자신이 좋아하는 이름을 부르며 일정하게 자신만의 리듬을 찾아서 연습하는 것도 좋은 방법 중 하나이다.

"하나! 둘! 셋!" 세이도 좋고, 자신의 이름이나 "백두산"과 같은 세 글자 단어를 선택해도 좋다. 자신만의 호흡을 찾아 동일한 리듬과 템포의 스윙을 유지하도록 노력하자.

연습장에서는 자신만의 리듬과 템포로 여유 있게 볼을 치다가도 실전 코스에 나서기만 하면 페이스를 잃는 골퍼들을 자주 볼 수 있다. 특히 첫 홀에서는 동반자와 뒤 팀을 의식해 볼 맞추기에만 급급하기 십상이다. 이때 첫 티 샷을 제대로 못 치게 되면 그 다음 샷 역시 영향을 받게 된다.
대부분의 경우 다운스윙이 시작되면서 스윙이 급격히 빨라지는 현상을 볼 수 있는데 이런 리듬과 템포는 부정확한 스윙을 만든다. 즉, 리듬과 템포가 불규칙해지면 임팩트 시 헤드 스피드의 편차가 커지고 클럽 페이스 각도가 변해 일정한 거리와 방향을 얻을 수 없게 된다.

모든 사람에게 동일한 리듬과 템포를 적용할 수는 없다. 중요한 것은 개개인의 특성에 맞춘 자신만의 흐름이다. 몇 번을 스윙해도 일정한 리듬과 템포가 유지되는 순간을 기억하자. 바로 그 호흡이 자신에게 맞는 리듬과 템포이다.

→ 연습장 선택과 연습 방법

능숙한 골퍼가 되기 위해 연습보다 절대적인 것은 없다.

우선 연습장은 되도록 가까운 곳으로 정하자. 아무리 좋은 선생이 있다 하더라도 집이나 회사에서 멀면 무용지물이다. 쉽게 드나들 수 있는 거리여야만 꾸준한 연습이 가능하기 때문이다. 골프는 일상생활에서 사용하지 않는 근육을 이용하는 운동이기 때문에 며칠만 연습을 쉬면 감각이 무뎌져 버린다. 따라서 한 번에 많은 볼을 치기보다는 나름대로의 목표를 세우고 여러 번, 자주 연습하는 것이 이상적이다.

연습장에서 흔히 만날 수 있는 유형으로는 제한된 공간에서 볼만 열심히 치는 골퍼가 있다. 그러나 초보 골퍼라도 어느 정도 스윙이 완성되었다면 넓은 연습장에서 연습하는 편이 실력 향상에 도움이 된다. 자신의 비거리는 얼마나 되는지, 볼 방향은 어떤지 가늠해 둔 다음 최종적으로 각 클럽별 비거리를 파악하자. 그래야만 실전 코스에 나가더라도 자신에게 맞는 클럽을 선택할 수가 있다.

필드는 연습장과 달리 매번 다른 상황에서 볼을 쳐야 한다. 주변에 능숙한 골퍼가 있다면 그 사람의 스윙 타이밍을 관찰해 두거나, 좋아하는 프로 혹은 자신과 체형이 비슷한 선수의 스윙을 기억해 두고 연습에 임하는 것도 좋은 방법이다.

→ 골프 레슨

레슨 프로 선택이 고민될 때는 자신과 신체 조건이 비슷한 프로를 찾아보자.

선택한 프로의 레슨을 신뢰해야 하고, 궁금한 부분은 함께 연구하며 적극적으로 해결점을 찾아 나서는 자세가 필요하다.

골프 레슨은 개개인의 신체 조건과 스윙 스타일에 따라 교정이 달라진다. 다른 사람의 레슨 내용에 따라 자신의 습관을 고치려 하지 말고, 자신의 스윙에 맞는 레슨을 받자.

또한 여러 사람에게 지도받는 것보다는 담당 프로와 탄탄한 커리큘럼을 짠 다음 자신에게 적합한 레슨을 받는 것이 실력 향상에 도움이 된다.

part

02

기본기 중요한 거 아시죠?

스윙 7단계

클럽의 종류

그립

안정된 어드레스 만들기

체중 분배

상체를 목표 반대 방향으로 기울인다

스탠스

그립 끝과 몸과의 거리

얼라인먼트

목표물을 정확히 겨냥한다

스윙 7단계

〈스윙 동작과 명칭〉

어드레스

볼을 치기 위한 준비자세

백스윙

스윙의 첫 번째 동작

톱스윙

스윙 단계의 가장 높은 지점

스윙이란 볼을 치기 위해 클럽을 휘두르는 동작을 뜻한다.

스윙의 시작 단계인 어드레스부터 완성 단계인 피니시까지 크게 7단계로 구분된다.

클럽의 종류

라운드를 할 때는 골프 규칙에 의해 최대 14개의 클럽을 사용할 수 있다. 각각의 클럽마다 볼의 탄도와 비거리가 다르기 때문에 상황에 맞게 클럽을 선택해야 한다. 클럽은 어떤 종류가 있는지 알아보자.

〈클럽의 종류와 명칭〉

→ 우드

일반적으로 1번 우드(드라이버)는 비거리 내는 것을 목적으로 티샷 시 사용한다.
3, 5, 7, 9 우드는 페어웨이 우드라고 부른다. 번호가 높을수록 클럽의 길이는 짧아지고 볼은 높게 날아간다.
유틸리티 우드와 하이브리드(일명 고구마)는 페어웨이 우드와 아이언의 장점을 절충한 클럽으로 페어웨이 우드와 롱 아이언 샷으로 고민하는 골퍼들에게 추천한다.

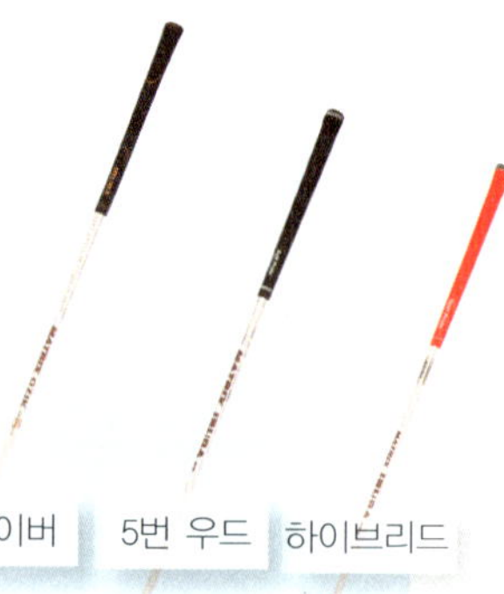

→ 아이언

아이언은 그린이나 핀을 공략하는 것이 목적이며, 일반적으로 번호가 낮은 1~4번을 롱 아이언, 5~6번을 미들아이언, 7~9번을 쇼트 아이언이라 부른다. 9번보다 짧은 클럽은 웨지라고 부른다. 최근에는 클럽의 발달로 인해 아이언의 구분을 달리하기도 한다.

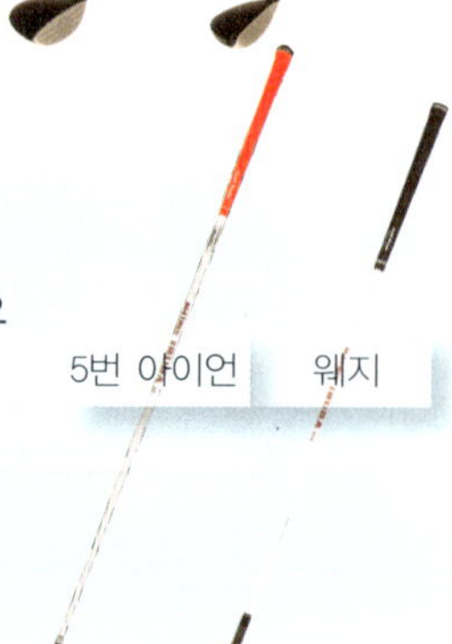

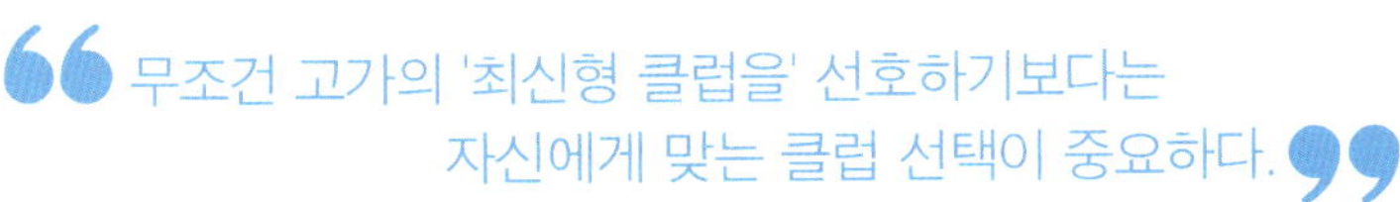

→ 퍼터

퍼터는 그린 위에서 볼을 굴리는 클럽이다. 클럽 헤드 모양에 따라 블레이드라고 불리는 일자형 퍼터와 말렛이라고 불리는 반달형 퍼터가 있다. 정교함을 느끼고 싶다면 일자형 퍼터를, 안정감 있는 어드레스를 취하고 싶다면 반달형 퍼터를 선택하는 것이 좋다.

〈일반적인 클럽별 비거리〉

→ 우드 클럽

종 류	남 성	여 성
드라이버	220m	180m
3번 우드	200m	160m
5번 우드	180m	140m

일반적으로 비거리는 도표와 같으나 평소에 연습을 통해 자기만의 비거리를 알고 있는 것이 중요하다.

→ 아이언 클럽

종 류	남 성	여 성	종 류	남 싱	여 성
4번 아이언	160m	110m	8번 아이언	120m	70m
5번 아이언	150m	100m	9번 아이언	110m	60m
6번 아이언	140m	90m	피칭웨지	100m	50m
7번 아이언	130m	80m	샌드웨지	60m	40m

그립

"18홀 라운드를 돌면 평균적으로 72번 이상 그립을 잡는다.
정확한 그립은 완벽한 샷으로 갈 수 있는 지름길이다."

그립은 클럽 샤프트의 중앙선을 기준으로 왼손을 어떻게 놓느냐에 따라 위크, 뉴트럴, 스트롱으로 분류한다. 또한 두 손을 잡는 방법에 따라 베이스볼, 오버래핑, 인터로킹으로 분류하기도 한다.

일반적으로 베이스볼 그립은 백스윙 크기가 작고 손가락 힘이 부족한 골퍼들에게 유리한 그립이다. 오버래핑 그립은 손이 크거나 손가락 힘이 좋은 사람이 선호하는 그립이다. 인터로킹 그립은 손이 작거나 손가락이 짧고 손가락의 힘이 강하지 않은 골퍼들에게 유리한 그립이다.

그립의 종류

- 베이스볼 : 힘이 약한 어린이나 시니어 골퍼들이 선호하는 그립
- 오버래핑 : 대부분의 골퍼들이 사용하고 프로와 아마추어가 선호하는 그립
- 인터로킹 : 두 손의 일체감을 느끼고 싶은 골퍼들이 선호하는 그립

〈그립〉

위크

뉴트럴

스트롱

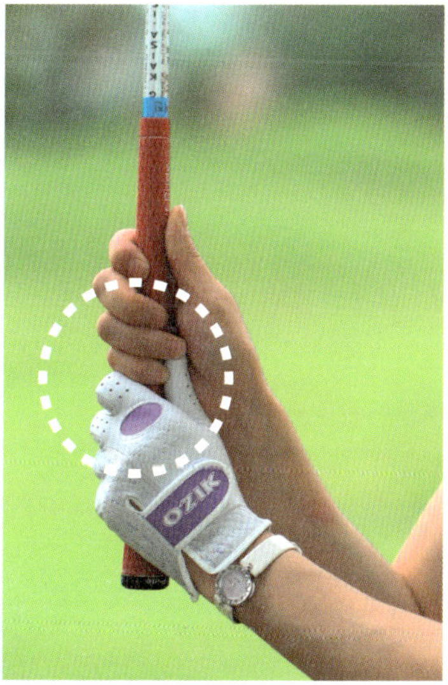

베이스볼

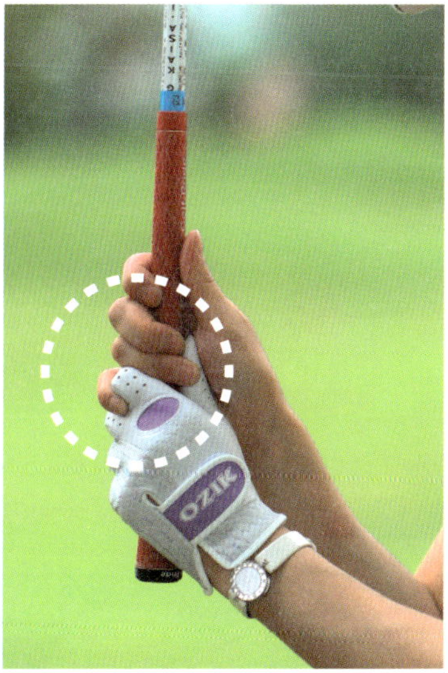

오버래핑

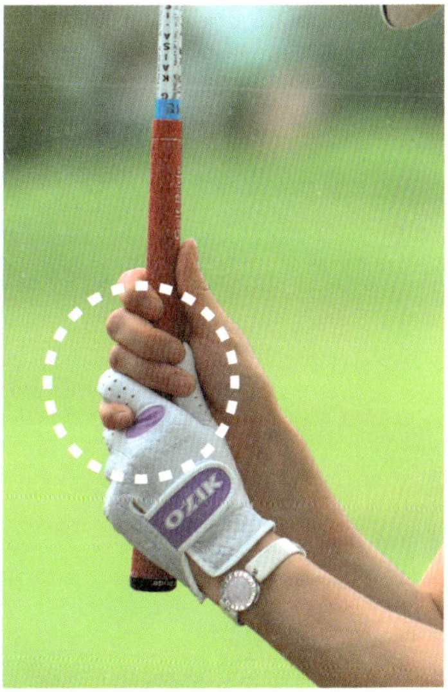

인터로킹

"그립은 모든 샷의 기본이자
스윙의 가장 중요한 동작이다."

클럽을 잡을 때, 클럽과 내 몸을 연결해 주는 부분이 바로 그립이다. 때로는 클럽의 그립을 잡는 것을 일컬어 그립이라고 부르기도 한다. 일반적으로 먼저 왼손으로 잡은 다음 오른손으로 잡게 된다(오른손잡이 골퍼의 경우). 그립은 잡는 방법과 위치 그리고 압력에 따라 스윙 궤도, 클럽 스피드, 방향, 파워에 큰 영향을 미친다.

→ 손바닥으로 잡을 것인가, 손가락으로 잡을 것인가

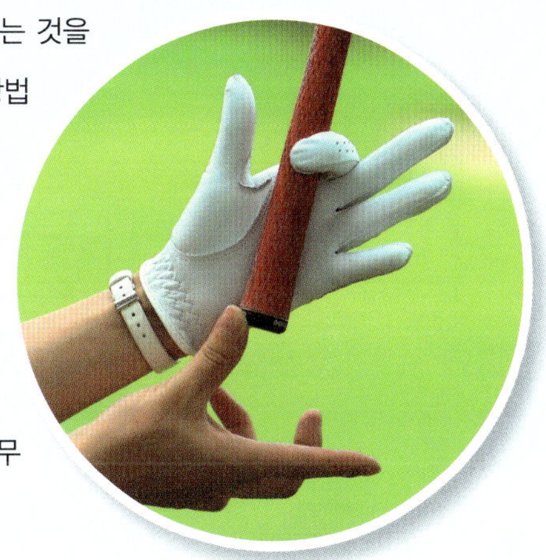

손바닥 그립은 말 그대로 손바닥으로 잡는 것을 말한다. 주로 퍼팅 시 많이 사용하는 방법으로, 강한 임팩트 시에 클럽이 쉽게 돌아간다는 단점이 있다.

손가락 그립은 손바닥이 만나는 선과 클럽을 나란히 잡는 것을 말한다. 일반적인 샷에 사용하는 방법으로, 강한 임팩트에도 클럽이 돌아가지 않으며 헤드 무게가 느껴진다는 장점이 있다.

→ 그립의 강도

그립의 강도는 전체적인 스윙에 큰 영향을 미친다.

치약을 짜는 것처럼, 달걀을 쥐듯 부드럽게 잡아야만 헤드 무게로 볼을 칠 수 있게 된다.

어느 정도의 강도로 잡느냐에 따라 스윙의 리듬, 타이밍, 헤드 스피드 그리고 거리와 방향이 달라진다. 일정한 스윙을 유지하기 위해 그립의 강도를 점검하는 습관을 기르자.

안정된 어드레스 만들기

"골프의 시작은 안정된 준비자세에서 시작된다."

정확하고 안정된 준비 자세를 위해서는 몸의 균형이 중요하다. 몸의 균형을 잡지 못한다면 좋은 스윙, 좋은 샷을 할 수 없다.

상체나 하체의 균형이 맞지 않을 경우 몸의 회전이 자유롭지 않아 팔로만 치는 스윙을 하게 된다. 따라서 스윙 정확도 역시 떨어질 수밖에 없다.

우선 등을 곧게 펴자. 상체는 너무 굽히지도 펴지도 말아야 하며, 엉덩이를 뒤로 빼거나 들면 안 된다. 양발에 체중을 고루 배분한 다음 무릎을 살짝 굽힌다.

실전에서도 곧바로 응용할 수 있도록 정확하고 안정된 어드레스를 반복적으로 연습하는 습관을 만들자.

〈어드레스〉

머리는 볼 뒤쪽에 둔다.

오른쪽 어깨를 왼쪽보다 더 낮게 기울인다.

오른쪽 팔꿈치를 살짝 구부려 준다.

무릎은 약간 구부려 준다.

등을 곧게 편다.

무릎을 살짝 굽힌다.

체중 분배

“거리를 위한 클럽은 체중을 오른발 쪽에, 정확성을 위한 클럽은 체중을 왼발 쪽에 실어 주어야 한다.”

〈드라이버〉

드라이버는 올려 쳐야 최대의 거리가 난다. 이를 위해서는 머리가 볼 뒤에 있어야 하며 머리는 체중이 실리는 쪽으로 움직이기 때문에 어드레스 시 체중을 오른발 쪽에 70% 두어야 유리하다.

〈페어웨이 우드/롱 아이언〉

긴 클럽 역시 드라이버와 마찬가지로 올려 쳐야 한다. 하지만 클럽의 길이가 드라이버에 비해 짧고 로프트의 각도가 있기 때문에, 어드레스 시 체중을 오른발 쪽에 60% 두어야 유리하다.

〈미들 아이언〉

미들 아이언은 쓸어 치기보다는 가파른 스윙을 해야 한다. 이를 위해서는 임팩트 때 머리가 볼의 바로 뒤에 있어야 유리하며, 체중을 양발에 똑같이 두어야 이와 같은 임팩트를 만들기 쉽다.

정확하게 볼을 치려면 클럽 헤드가 볼을 향해 접근하는 각도 역시 정확해야 한다. 이러한 각도를 수월하게 만들기 위해서는 어드레스 시 클럽에 따라 적절하게 체중 분배를 조절해야 한다.

클럽에 따른 알맞은 체중 분배에 대해 알아보자.

〈쇼트 아이언〉

보다 가파른 스윙을 해야 하는 쇼트 아이언은 임팩트 때 머리가 볼 바로 앞에 있어야 유리하며, 체중을 왼발 쪽에 60% 두어야 이와 같은 임팩트를 만들기 쉽다.

〈피치 샷〉

가파르게 내려 쳐야 하는 피치 샷은 임팩트 때 상체가 클럽보다 먼저 나가야 유리하며 체중을 왼발 쪽에 70% 두어야 이와 같은 임팩트를 만들기 쉽다.

〈칩 샷〉

짧은 클럽으로 간결한 스윙을 해야하는 칩 샷은 어드레스 때부터 체중을 왼발 쪽에 80% 두어야 몸의 움직임이 최소화되며 정확한 임팩트를 만들기 쉽다.

상체를 목표 반대 방향으로 기울인다

> 척추를 목표의 반대 방향으로 기울인다.
> 단, 머리는 고정시켜야 한다.

척추를 목표의 반대 방향으로 기울여 오른쪽 어깨가 왼쪽 어깨보다 낮게 위치하도록 만든다. 이것이 어드레스 시 정확한 상체의 기울기와 방향이다(오른손잡이 골퍼의 경우).

그립을 잡으면 자연스럽게 오른손이 왼손 아래로 내려가면서 오른쪽 어깨도 함께 내려간다. 동시에 상체 또한 목표의 반대 방향으로 기울어진다.

이와 같은 어드레스는 상체를 볼의 뒤쪽으로 옮겨 주기 때문에 체중의 이동이 원활해지며, 큰 백스윙이 가능해진다. 뿐만 아니라 다운스윙 시 몸을 뒤에서 잡아줘 팔로스루가 커지고, 목표 방향으로 클럽을 보내기도 수월해진다.

〈상체의 기울기〉

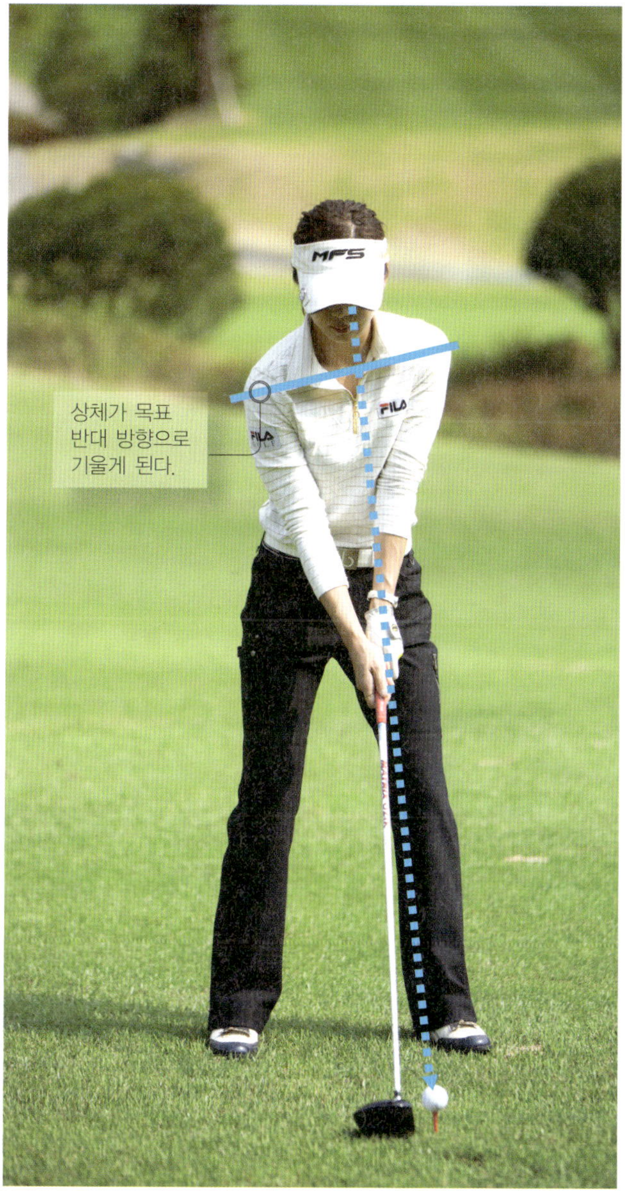
상체가 목표
반대 방향으로
기울게 된다.

NG
왼쪽 어깨가 너무 높은 경우

NG
양쪽 어깨의 높이가 같은 경우

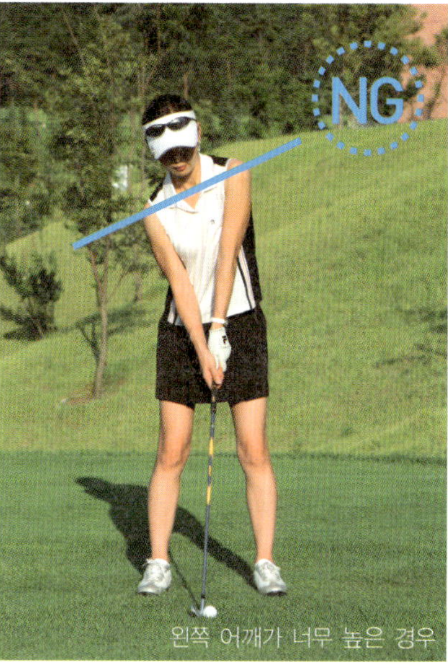

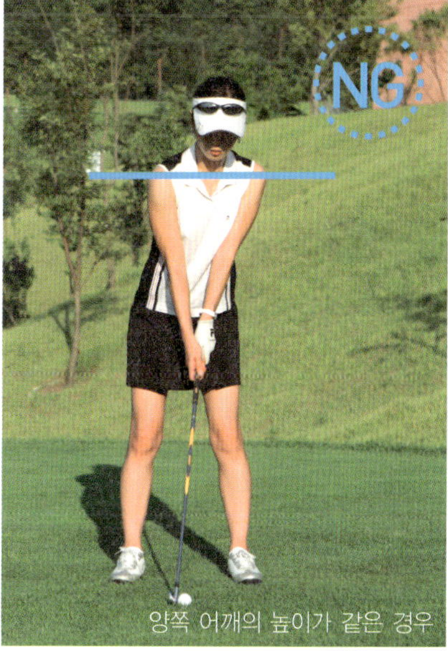

스탠스

> 클럽이 길수록 넓게, 짧을수록 좁게 선다.
> 스탠스의 폭은 어깨너비를 기준으로 한다.

정확한 스탠스는 스윙 동작에서 제대로 중심을 버틸 수 있게 해주는 중요한 역할을 한다. 지나치게 넓거나 좁은 스탠스는 백스윙이나 팔로스루 시 중심축을 잡아 주지 못하게 된다.

클럽이 길고 스윙 아크가 클수록 넓은 스탠스로, 클럽이 짧고 스윙 아크가 작을수록 좁은 스탠스로 서야 한다.

일반적으로 스탠스의 폭은 어깨너비를 기준으로 하며, 드라이버의 경우에는 어깨너비 정도로 서거나 조금 더 넓게 서도 무방하다. 미들 아이언은 어깨너비로, 쇼트 아이언이나 웨지 아이언은 어깨너비보다 좁게 서는 편이 좋다.

〈스탠스의 폭〉

스탠스의 폭은 어깨 너비를 기준으로 한다.

클럽이 길수록 넓게, 클럽이 짧을수록 좁게 선다.

그립 끝과 몸과의 거리

"그립 끝과 몸과의 거리가 멀어지면 슬라이스를 유발하고, 그립 끝과 몸과의 거리가 가까워지면 훅을 유발한다."

어드레스 때 그립 끝과 몸과의 거리 차이에 따라 슬라이스 또는 훅의 원인이 되기도 한다. 그립 끝이 몸에서 멀리 떨어진 경우에는 임팩트 순간 볼이 클럽 페이스의 바깥쪽에 맞게 된다. 반대로 지나치게 가까운 경우에는 생크가 나타날 가능성이 높아진다.

잘 치겠다는 의욕이 앞서 볼에 바짝 붙어 스윙할 때는 어프로치 샷에서도 생크가 나타날 수 있다. 초급자들은 결코 칠 수 없는 샷이지만 상급자들에게서 가끔씩 볼 수 있는 실수다. 생크가 날 경우 그립 끝과 몸과의 거리가 너무 가까운 것은 아닌지 점검해 보자.

Point

→ 이상적인 그립 끝과 몸과의 거리

그립 끝에서 몸까지의 가장 이상적인 간격은 자신의 주먹 하나 정도이다. 주먹 하나가 자유롭게 움직일 수 있을 만큼의 거리를 유지하고 스윙하면, 보다 일체감 있는 스윙을 할 수 있으며 흔들림 또한 최소화할 수 있다.

〈그립 끝과 몸과의 거리〉

얼라인먼트

기찻길 철로처럼 목표 방향과
스탠스가 수평을 이루게 하는 것을 말한다.

얼라인먼트란 볼의 목표 방향과 스탠스가 수평을 이루게 하는 것을 말한다. 프로들의 자세를 따라해 보자. 일반적으로 아마추어들은 스탠스를 취하고 클럽 페이스를 목표 방향으로 두는 경우가 많은데 프로들은 왼발을 뒤로 뺀 상태에서 오른손만 이용해 목표 방향으로 클럽 페이스를 놓은 후 스탠스를 취하며 얼라인먼트를 한다.

→ 일반적인 얼라인먼트 방법

- 클럽 페이스를 목표 방향과 일직선으로 둔다.
- 스탠스, 무릎, 허리, 어깨 라인이 모두 평행선을 이루도록 한다.
- 목표 지점이 어깨 뒤쪽이 아닌 앞쪽에 있다는 느낌으로 선다.
- 왼손으로 클럽 페이스를 맞추면 목표 방향을 정확히 바라보기 힘들어지므로 유의한다.
- 구질이 일정하지 않을 때는 스윙보다 방향을 확인한다.
- 시선은 목표를 향해도 몸의 정렬이 틀어지면 미스 샷이 발생한다.

〈올바른 얼라인먼트〉

목표물을 정확히 겨냥한다

"목표 방향을 만들자."

부드러운 스윙과 함께 원하는 방향으로 볼을 보내고자 한다면, 티잉 그라운드에 올라 목표 지점을 정확히 설정해야 한다.

어드레스 시 오랫동안 볼을 바라보면 쉽게 근육이 굳어 버릴 뿐 아니라 긴장감까지 생기게 마련이다.

볼보다 목표 지점을 더 오래 보는 습관을 만들어야 한다. 목표를 바라보며 어깨와 허리, 무릎 등이 목표와 평행선을 이루고 있는지 확인한다.

보내고자 하는 목표 지점에 집중하고, 자신이 구사하려는 볼의 구질을 이미지화 하며 심호흡을 해보자.

Point

어드레스 시 대개 일반적인 골퍼들은 볼을 바라보는 시간에 80%를, 목표 지점을 바라보는 시간에 20%를 할애한다. 반대로 프로 골퍼들은 볼을 바라보는 시간에 20%를, 목표 지점을 바라보는 시간에 80%를 할애한다.

〈정확하게 볼을 치기 위한 준비자세〉

part

03

드라이버, 굿 샷을 원하세요?

드라이버

> 드라이버는 멀리 보내는 것보다 페어웨이에 안착시키는 것이 더 중요하다.

대부분의 사람들은 티 샷을 얼마나 멀리 보냈는지에 대한 관심이 많다. 그러나 비거리에 대한 욕심보다는 자신에게 맞는 드라이버를 선택하는 것이 더 중요하다. 드라이버는 헤드 모양에 따라 샬로우 페이스형과 딥 페이스형으로 나뉜다.

샬로우 페이스형은 클럽의 특성상 페이스 면의 좌, 우가 길고 저중심으로 설계되어 있어 헤드 무게를 느끼기 쉽다. 그래서 초보자들은 볼은 맞추기 쉬우나 거리가 짧게 나가는 단점이 있다. 딥 페이스형은 페이스 면이 위, 아래로 넓어 거리가 많이 나가지만 방향성은 맞추기 어려워 중 · 상급자들이 많이 선택하는 헤드 모양이다.

Point

골프계에서 최고라고 손꼽히는 선수들은 단순히 볼을 강하게 때리는 것보다는 페어웨이 적중률에 더 높은 집중력을 발휘한다.

" 어드레스 시 오른쪽에 체중이 실렸는지 확인하고 티 높이를 체크한다. "

오른발 쪽으로 체중을 실어 줘야 한다. 그러면 어깨는 자연스럽게 우측 아래로 기울어지고 시선은 볼 뒤쪽을 바라보게 된다.

티 높이는 볼의 절반이 드라이버의 상단 끝 부분에 와야 한다.

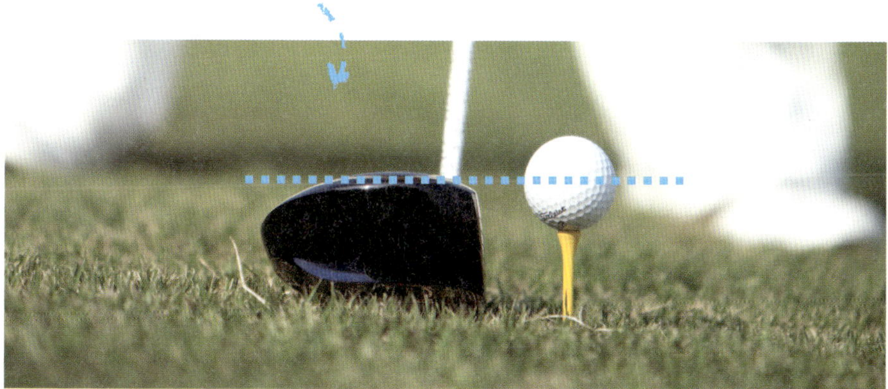

〈드라이버 샷〉
팔로만
치려 하지 말고
몸통을 꼬아 주며
하체는 버텨 준다
어깨가 충분히 회전할
때까지 가능한 한 하체
를 고정해 둔다.
오른쪽 무릎을 단
단히 고정해 충분
한 힘을 낼 수 있
도록 한다.
백스윙 중에는 왼쪽
무릎이 펴지지 않도
록 한다.
충분한 체중
이동이 가능할
만큼의 넓은 스
탠스를 취한다.

〈파워 드라이버 샷〉

"머리는 뒤쪽에 두고 "클럽을 던진다"라는 느낌으로 친다."

임팩트 시 머리를 약간 뒤로 하여 볼을 바로 위에서 내려다보지 않도록 조심한다.

다운스윙 시 오른쪽 어깨를 오른쪽으로 약간 내려 기울기를 유지한다.

힙은 목표 방향을 향해 돌린다. 클럽의 그립 끝은 배꼽을 향한다.

임팩트 시에 스피드를 올린다. 볼을 지나는 동안 팔로스루는 최대한 길게 유지한다.

임팩트 시 체중은 확실하게 왼발에 실어 준다.

티 높이

"클럽 헤드가 수평으로 이동할 수 있는 상태에
티 높이를 맞추어야만 본래의 로프트대로
볼이 날아가 최대한의 비거리가 나올 수 있다."

드라이버의 클럽 페이스는 가운데 부분이 볼록하게 나와 있는데, 이는 멀리 보내는 볼의 타구성을 더 정확하게 모으기 위한 것이다. 클럽 페이스의 윗부분은 아랫부분에 비해 로프트 각이 더 높다. 즉 하단보다는 상단의 각이 더 많은 로프트를 제공한다. 따라서 볼을 칠 때는 클럽 페이스의 가운데 위쪽에 맞춰야 한다. 클럽이 지닌 원래의 로프트대로 정확한 장타를 보내기 위해서는 올바른 티 높이가 중요한 것이다.

〈상황에 따른 티 높이 응용샷〉

높은 티

- 드로우 샷을 치고자 할 때
- 탄도가 높은 샷을 하고자 할 때
- 슬라이스를 방지하고자 할 때

낮은 티

- 페이드 샷을 치고자 할 때
- 탄도가 낮은 샷을 하고자 할 때
- 훅을 방지하고자 할 때

티 높이의 중요성

> 티를 낮게 꽂으면 로우볼 발생 가능성이 높아진다.
> 티를 높게 꽂으면 하이볼 발생 가능성이 높아진다.

티 높이는 클럽 헤드가 수평으로 이동할 수 있는 상태로 맞추어야만 본래의 로프트대로 볼이 날아가 최대한의 비거리가 나올 수 있다. 어드레스 때 볼이 드라이버의 위쪽으로 절반 정도만 올라오게 꽂는 것이 일반적인 티 높이다.

티를 낮게 꽂으면 페이스 아랫부분에 볼이 맞아 지나치게 낮은 탄도로 볼이 날아간다(로우볼). 반대로 티를 너무 높게 꽂으면 페이스의 윗부분에 볼이 맞아 지나치게 높은 탄도로 볼이 날아간다(하이볼).

따라서 올바른 티 높이는 일관성 있는 탄도와 구질을 만들 수 있다

Point

특수한 상황에서는 인위적으로 티 높이를 조절한 응용 샷을 하기도 한다. 주로 드로우 샷과 탄도가 높은 샷 그리고 슬라이스를 방지해야 할 때 일반적인 티 높이보다 높게 꽂아 샷을 한다. 반대로 페이드 샷이나 탄도가 낮은 샷 그리고 훅을 방지해야 할 때 일반적인 티 높이보다 낮게 꽂아 샷을 한다.

일반적인
티 높이
• 클럽 헤드가 수평으로 이동할 수 있는 상태에 티 높이를 맞춘다.
• 어드레스 때 볼의 1/2이 드라이버 헤드의 위쪽으로 올라가도록 해야 한다.

낮은
티 높이
• 티를 낮게 꽂으면 클럽이 내려가면서 맞기 때문에 클럽 페이스의 아랫부분에 볼이 맞게 된다.
• 낮은 탄도로 볼이 날아간다(로우볼).

높은
티 높이
• 티를 높게 꽂으면 클럽이 올라가면서 맞기 때문에 클럽 페이스의 윗부분에 볼이 맞게 된다.
• 높은 탄도로 볼이 날아간다(하이볼).

〈드로우 샷〉

드로우 샷은 볼이 오른쪽을 향해 날아가다가 왼쪽으로 떨어지는 샷이다. 티샷을 할 때 티잉 그라운드 왼쪽에서 하게 되면 페어웨이 오른쪽을 넓게 이용할 수 있다. 평상시보다 런이 많으며, 왼쪽 도그렉 홀에서 활용이 용이하다.

"인사이드 아웃"

어드레스 시 양쪽 어깨는 오른쪽을 향한다. 백스윙은 평소보다 안쪽으로 든다. 피니시는 낮게 만든다.

목표 방향의 오른쪽을 겨냥하여 어드레스 한다. 클로즈 스탠스를 취한다. 클럽 페이스는 목표 방향을 향한다.

〈페이드 샷〉

페이드 샷은 볼이 왼쪽을 향해 날아가다가 오른쪽으로 떨어지는 샷이다. 티샷을 할 때 티잉그라운드 오른쪽에서 하게 되면 페어웨이 왼쪽을 넓게 이용할 수 있다. 평상시보다 런이 없으며, 오른쪽 도그렉 홀에서 활용이 용이하다.

아웃사이드 인

어드레스 시 양쪽 어깨는 왼쪽을 향한다. 백스윙은 평소보다 바깥쪽으로 든다. 피니시는 높게 만든다.

목표 방향의 왼쪽을 겨냥하여 어드레스한다. 오픈 스탠스를 취한다. 클럽 페이스는 목표 방향을 향한다.

피니시로 볼을 친다

"스윙은 깔끔하게 피니시까지."

연습스윙 때는 피니시가 이루어지지만 실제로 볼을 치게 되면 피니시가 이루어지지 않는 경우를 볼 수 있다. 이러한 이유는 볼만 맞추는 것에 집중했기 때문이다. 단순히 볼만 맞추고 끝낸다면 스윙으로 연결되지 않고 팔로스루 상태에서 멈추게 된다. 팔로스루에서 멈추지 말고 '피니시로 볼을 친다'라는 생각을 해야 한다. 특히 초보 골퍼들에게 자주 보이는 실수 중 하나는 체중이 오른쪽

피니시로

으로 기울어 팔 힘만으로 스윙하는 경우이다. 그러나 다운스윙에서 피니시까지는 하나로 연결된 동작이다. 비거리가 줄어드는 가장 큰 원인은 하나의 동작을 끝까지 연결하지 못하는 데에서 찾을 수 있다.

다운스윙에서 피니시까지는 하나로 연결되어야 한다는 것을 잊지 말자.

Point

'내 스윙의 목적은 볼을 치는 것이 아니라 피니시를 만드는 것'이란 생각으로 스윙을 해야 한다. 다운스윙에서 피니시까지의 동작이 한 흐름으로 이어지지 못할 때에는 비거리가 줄어들 뿐만 아니라 때로는 미스 샷을 발생하게 만드는 요인이 될 수도 있다. 동작이 중간에 단절된다는 느낌이 든다면 '한숨에 잇는다'라는 생각을 가지고 반복적으로 스윙 연습을 해보자.

완벽한 피니시 만들기

흔히들 "샷이 좋으면 피니시도 완벽해진다."라는 말을 한다. 좋은 피니시는 스윙 과정이 좋았음을 알려 주기 때문이다. 스윙 자세가 흔들렸다면 피니시 역시 흔들리며, 좋은 샷이 나올 수도 없다.

"끝이 좋아야 모든 것이 좋다."라는 말처럼 좋은 스윙을 위해 완벽한 피니시를 몸에 익혀 보자.

→ 피니시 만드는 방법

- 클럽 샤프트는 눈과 거의 비슷한 높이에 위치해야 한다.
- 손은 왼쪽 어깨 위에 위치해야 한다. 그립은 어드레스 시 잡았던 모양 그대로 쥐고 있어야 한다. 벨트 버클은 목표 방향으로 향해야 한다.
- 팔꿈치 간격은 어드레스 때의 간격만큼만 벌어져 있어야 한다. 팔과 몸통은 스윙하는 내내 연결 상태로 있어야 한다.
- 체중은 왼발 뒤꿈치 바깥쪽에 실려 있어야 한다.
- 오른발은 발가락 끝을 지면에 세우고 수직으로 서 있어야 한다.

〈완벽한 피니시 만들기〉

MFS
• 클럽 샤프트 기울기는 눈과 일직선 상에 오게 한다.
• 손의 위치는 귀 옆으로 오게 한다.
• 가슴은 목표 방향을 바라본다.
• 어드레스 때와 같은 팔꿈치 간격을 유지한다.
• 체중은 왼발에 확실히 실어주고 왼쪽 다리로 버틴다.

하체를 과도하게 리드하는 경우

> 하체를 과도하게 리드할 경우 척추가 역C자 모양으로 휘어 버리며 피니시가 제대로 이루어지지 않는다.

하체를 과도하게 리드하면 상체 체중이 오른쪽으로 기울어지고 팔 힘만으로 스윙하는 경우가 발생한다. 그러다 보면 다운스윙 시 볼을 맞추기 위해 의식적으로 클럽을 끌어내리게 되며, 양손에 힘이 들어가게 된다. 그러면 다운스윙 자세가 양손과 양팔 모두 오른쪽 옆구리 뒤에 위치하게 되어 오른쪽 어깨가 먼저 떨어지게 된다. 결국 다운스윙과 팔로스루를 위한 여유 공간이 없어져서 목표를 향해 밀어 치게 된다.

따라서 체중 균형이 이루어지지 않아 피니시 역시 양손 위치가 높아지는 업라이트한 모양이 된다. 상체는 제자리에 그대로 있고 하체만 목표 방향으로 먼저 나가기 때문에 척추가 역C자 모양이 된다.

이때의 구질은 푸시나 훅이 나타나게 되며, 더프 샷(뒤땅)이나 토핑을 유발할 수도 있다.

하체를 과도하게 리드할 경우,
다운스윙 시 오른쪽 어깨가 먼저 떨어지게 된다.

하체를 과도하게 리드할 경우,
척추가 역C자 모양이 된다.

→ 해결 방법

상체와 하체를 균형 있게 회전하며 샷을 한다.

연습할 때에는 왼발 바깥쪽에 클럽을 두고 왼쪽 엉덩이가 목표 방향의 왼쪽으로 회전하도록 한다. 왼발 바깥쪽에 둔 클럽을 벽이라고 생각하며 그 공간 안에서 회전하는 것이다. 목표 방향을 향해 몸이 자유자재로 회전할 때까지 연습하자.

상체를 과도하게 리드하는 경우

> 상체를 과도하게 리드할 경우, 왼팔이 펴지지 않게 되고 플랫한 피니시 모양이 된다.

상체를 과도하게 리드하면 오른쪽 어깨에 힘이 지나치게 실리고, 다운스윙 시 어깨가 먼저 볼 쪽으로 다가가게 된다. 오른쪽 어깨 역시 왼쪽 어깨보다 높아지게 마련이다. 따라서 오른팔에 힘이 더해지는 다운스윙 자세 때문에 하체보다 상체가 먼저 이동하게 되며, 팔로스루가 펴지지 않고 당겨 치는 스윙을 하게 된다.

따라서 체중 균형이 이루어지지 않아 피니시 역시 오른쪽 어깨가 왼쪽 어깨보다 높아지는 플랫한 모양이 된다. 하체는 제자리에 그대로 있고 상체만 목표 방향으로 먼저 나가기 때문에 클럽 헤드가 하늘을 향하게 된다.

이때의 구질은 풀이나 슬라이스가 나타나게 되며, 더프 샷(뒤땅)이나 토핑을 유발할 수도 있다.

상체를 과도하게 리드할 경우, 팔로스루가 펴지지 않고 당겨 치는 스윙을 하게 된다. 더프 샷이나 토핑을 유발할 수도 있다.

상체를 과도하게 리드할 경우, 하체는 움직이지 않고 상체만 움직이게 되어 피니시가 제대로 이루어지지 않는다.

Point

→ 해결 방법

상체와 하체를 균형 있게 회전하며 샷을 한다.

연습할 때에는 다운스윙 시 오른쪽 팔꿈치가 아래를 향하도록 한다. 이때 상체로 먼저 리드하기보다는 오른쪽 어깨가 그대로 멈춘 상태에서 임팩트 때까지 내려오면 목표 방향으로 볼이 나갈 수 있는 공간이 확보되고, 어드레스 때와 같은 상체 자세를 재현할 수 있게 된다.

방심은 금물!
풀 슬라이스를 막아라

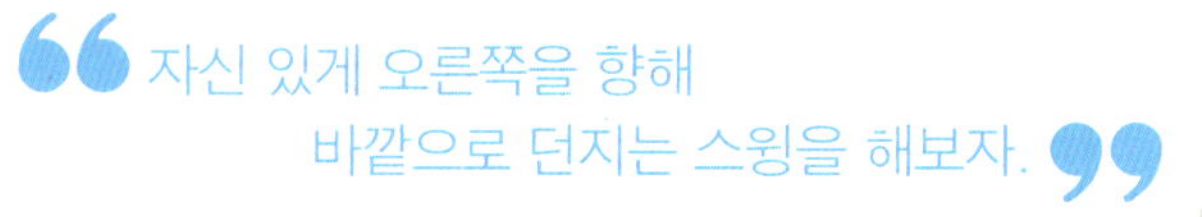

풀 슬라이스는 볼이 시작부터 왼쪽으로 날아가다가 끝부분에서 오른쪽으로 휘는 샷을 말한다. 풀 슬라이스의 해결 포인트는 오른쪽을 두려워하지 않고 과감한 스윙을 하는 것이다. 클럽 헤드를 오른쪽을 향해 던진다는 느낌으로 스윙하면 팔로스루가 커지고, 임팩트 순간 클럽의 헤드 스피드가 손끝으로 느껴질 것이다.

풀 슬라이스의 유형

- 목표 방향보다 왼쪽으로 겨냥한 경우
- 볼 아랫부분을 치는 경우
- 긴 클럽일 경우
- 디봇 방향이 왼쪽으로 난 경우
- 피니시가 되지 않고 끊어 치는 경우

→ 풀 슬라이스의 원인과 해결 방법

Point

원인

해결 방법

- 스윙 시 너무 가파르게 안쪽으로 잡아당기지 않도록 한다.
- 임팩트 순간 클럽 페이스가 오픈되고, 양발이 구부러지지 않도록 한다.
- 상체를 지나치게 사용하여 클럽이 늦게 따라오지 않도록 한다.
- 임팩트 시 스윙 스피드가 감속하지 않도록 한다.
- 스윙을 끝까지 하여 팔로스루가 생략되지 않도록 한다.
- 다운스윙 시 오른쪽 어깨가 먼저 앞으로 나오지 않도록 한다.

방심은 금물! 푸시 슬라이스를 막아라

"임팩트 후, 몸보다 클럽이 먼저 나간다라는 느낌으로 스윙한다."

푸시 슬라이스는 볼이 시작부터 오른쪽으로 날아가다가 끝부분에서 더 오른쪽으로 휘는 샷을 말한다. 푸시 슬라이스를 해결하려면 상체와 하체를 하나 된 느낌으로 움직여야 한다. 해결 포인트는 임팩트가 끝난 이후까지 클럽이 몸보다 먼저 빠져나가는 느낌을 유지하는 것이다.

푸시 슬라이스의 유형

- 처음부터 볼이 오른쪽으로 가는 경우
- 볼이 클럽 페이스의 바깥 부분에 맞는 경우
- 볼 윗부분을 치는 경우

푸시 슬라이스의 원인과 해결 방법

방심은 금물! 훅을 막아라

훅을 예방하려면 하체와 상체의 리드 순서를 반드시 점검해야 한다.

훅은 임팩트 시 클럽 헤드가 닫힌 상태에서 볼이 맞아 발생하는 샷을 말한다. 다운스윙 시 상체가 하체보다 먼저 리드되면, 손목이 급히 돌아가게 되어 결국 손의 힘만으로 볼을 치게 된다.

훅의 발생을 방지할 수 있는 포인트는 의외로 단순하다. 훅을 해결하기 위해서는 스탠스의 너비, 볼과 몸 사이의 거리, 리드하는 순서를 차례로 점검하는 것이다.

NG

NG

훅의 유형

- 오른손 그립을 강하게 잡는 경우
- 볼과 스탠스의 위치가 가까울 경우
- 스탠스 너비가 넓을 경우
- 스탠스 시 오른발이 왼발보다 오른쪽을 향해 돌아설 경우
- 하체보다 상체를 먼저 리드할 경우
- 손목이 일찍 풀릴 경우
- 손의 힘으로 칠 경우

Point

→ 훅의 해결 방법

- 스탠스 너비를 과도하게 넓게 서지 않도록 한다.
- 충분한 어깨 회전을 위해 볼과 몸의 거리가 가까워지지 않도록 한다.
- 손목 사용을 예방하기 위해 하체보다 상체를 먼저 리드하지 않도록 한다.

QR코드 동영상으로 확인하세요

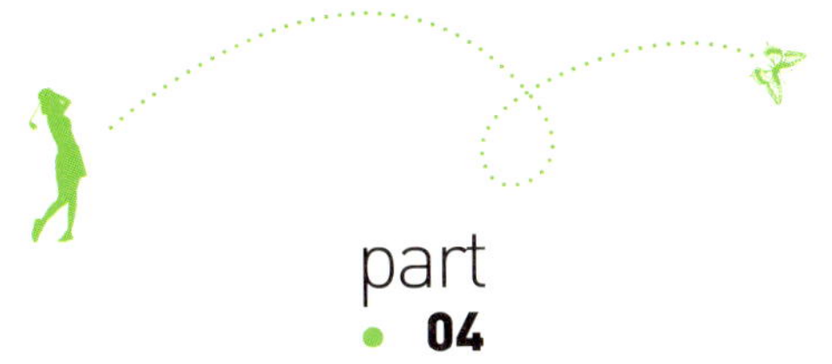

part
04

퍼펙트 스윙은 어떤 걸까요?

스윙 궤도

" 일정한 거리와 정확한 방향성을 위해서는 일관된 스윙 궤도가 필요하다. "

긴 클럽을 잡으면 몸과 볼의 간격이 자연스럽게 멀어지면서 스윙 궤도가 플랫해진다. 반대로 짧은 클럽을 잡으면 몸과 볼의 간격이 자연스럽게 가까워지면서 스윙 궤도가 업라이트해진다.

스윙 궤도가 중요한 이유는 다름 아닌 일관된 거리와 방향성 때문이다.

스윙 궤도는 스윙의 기본적인 요소로, 임팩트 시 클럽을 스퀘어로 올바르게 옮겨다 주는 역할을 한다. 클럽이 스윙 궤도를 벗어나면 밀어 치거나 당겨 치는 샷이 발생하게 된다. 이러한 경우 비거리 손실뿐만 아니라 방향성 역시 일관성을 잃어버리기 쉽다.

스윙 궤도의 종류

• 인사이드 인의 궤도 • 인사이드 아웃의 궤도(훅 유발) • 아웃사이드 인의 궤도(슬라이스 유발)

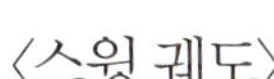

〈스윙 궤도〉

플랫한 스윙 궤도

"맞바람이 강하게 부는 날에는 플랫한 스윙이 유리하다."

플랫한 스윙은 백스윙 시 어깨 높이를 기준으로 하여 클럽의 높이가 그보다 낮은 스윙으로, 볼의 탄도가 낮아진다는 특성이 있다. 백스윙이 낮아 플랫한 느낌이 들기 때문에 플랫한 스윙이라고 한다. 상체 발달형 골퍼들에게 유리하나, 클럽별 상황에 따라 차이가 발생하게 된다. 플랫한 스윙은 드로우 구질이 생겨 런이 발생하기 때문에 맞바람이 부는 날에 유리하다.

과도한 플랫 스윙은 백스윙 시 수평이 더 심해져 손목 돌림 현상이 일어나 감아 치게 되며, 악성 훅이 발생할 수 있다.

업라이트한 스윙 궤도

" 뒷바람이 강하게 부는 날에는 업라이트한 스윙이 유리하다. "

업라이트 한 스윙은 백스윙 시 어깨 높이를 기준으로 하여 클럽의 높이가 그보다 높은 스윙으로, 볼의 탄도가 높아진다는 특성이 있다. 백스윙이 높아 업라이트한 스윙이라고 한다. 업라이트한 스윙은 페이드 구질이 나타나고, 일반적으로 높은 탄도가 나타나기 때문에 뒷바람이 부는 날에 유리하다. 과도한 업라이트 스윙은 백스윙 시 수직이 더 심해져 가파른 스윙으로 슬라이스가 발생하게 되며 비거리 손실이 발생할 수 있다.

심할 경우에는 클럽별 거리 차가 거의 없어, 5번을 치나 7번을 치나 비거리가 비슷해지는 경우도 있다.

→ 업라이트한 스윙은?

스윙 플레인

"올바른 스윙 플레인을 위해서는
백스윙 시 톱의 위치에서 양팔(양 팔꿈치는 지면과 수평)의
높이가 같은 형태로 나타나야 한다."

스윙 플레인은 스윙 궤도와 직결되어 하나의 스윙을 이루어 내는, 스윙의 중심 요소 중 하나이다. 또한 클럽 페이스가 스퀘어로 가기 위한 중요한 방법이기도 하다. 올바른 스윙 플레인은 백스윙 시 톱의 위치에서 양팔의 높이가 같은 위치, 같은 형태일 때에 나타난다. 이때 양쪽 팔꿈치는 지면과 수평이 되어야 한다. 이와 같은 정확한 스윙 플레인은 헤드 스피드를 최대한 끌어올릴 수 있다는 큰 장점을 주기도 한다.

최근에는 플랫한 스윙 플레인과 업라이트한 스윙 플레인을 개개인의 신체적 특성과 연결하는 추세이므로, 자신의 신체 조건에 맞는 이상적인 스윙 플레인을 찾는 것이 중요하다.

〈이상적인 스윙 플레인〉

일관성이 없다고 생각된다면 눈을 감고 잠시 이미지 트레이닝을 해보는 것도 좋다.
과도하게 플랫한 백스윙을 하는 모습과 과도하게 업라이트한 백스윙을 하는 모습을 상상해 본다. 두 가지 백스윙을 느껴 본 다음 플랫한 스윙과 업라이트한 스윙의 중간 경로로 스윙 만드는 방법을 연습하자.

Point

클럽 두 개를 양손에 하나씩 잡은 다음 오른손은 가슴 높이에, 왼손은 클럽을 지면에 닿게 둔다. 사진 속의 샤프트 각도가 이상적인 스윙 궤도를 만들기 위한 이상적인 클럽의 각도이다.

클럽 헤드는 그립 끝을 따라간다

" 클럽 헤드와 클럽 끝이 볼 쪽으로 향해야만 정확한 방향성을 얻을 수 있다. "

제대로 된 궤도를 따라가기 위한 방법 중 하나는 다운스윙 시 클럽 헤드가 허리 부근(백스윙의 거의 절반에 해당)에 왔을 때 또는 다운스윙이 임팩트 위치에 내려왔을 때 클럽의 그립 끝을 따라가는 데 신경 쓰며 연습하는 것이다. 어느 순간 제대로 된 궤도가 완성될 것이다. 이는 볼을 똑바로 보낼 수 있다는 것을 확인하는 방법이기도 하다.

→ 그립 끝 확인 방법

Point

다운스윙에서 그립 끝이 볼을 향하면 어드레스 때 백스윙을 들었던 길로 다시 내려올 수 있어서 일정한 스윙궤도를 만들수 있다.

테이크 어웨이

"어드레스 시
양팔의 간격을 그대로 유지한다."

올바른 어드레스를 취한 다음 하체를 최대한 고정해 둔다. 허리 높이까지 샤프트와 양팔이 하나가 된 느낌으로 평행선을 이루며 헤드를 위로 올린다. 샤프트와 일체감을 유지한 상태로 클럽과 손, 팔 그리고 어깨가 모두 하나라는 느낌으로 움직인다.

테이크 어웨이에만 신경을 쓰다 보면 클럽 페이스의 이동 방향으로 시선이 따라 움직여서 집중력이 흐트러질 수 있다. 볼에서 시선을 떼지 말고 양팔이 하나 된 느낌으로 들어 준다.

Point

샤프트와 양팔이
하나 된 느낌!

잘못된 테이크 어웨이

"테이크 어웨이는 지면과 클럽이 수평을 이루어야 한다는 것을 기억하자."

클럽을 몸 안쪽으로 들게 되면 몸통과 양팔의 일체감이 없어진다. 뿐만 아니라 어드레스 때보다 몸과 그립의 간격이 가까워지면서 클럽이 닫혀 버린다. 반면에 클럽을 몸 바깥쪽으로 들게 될 때에도 몸통과 양팔의 일체감이 없어지며 어드레스 때보다 몸과 그립의 간격이 멀어지면서 클럽이 처져 내려와 팔로만 치는 현상이 나타난다.

백스윙은 천천히 하자

"슬로 슬로"

첫 홀의 드라이버 샷은 다른 샷보다 부담이 크게 마련이다. 이때 골퍼들이 저지르는 실수 중 하나가 평소보다 빠른 백스윙이다. 성급한 백스윙 예방을 위해 잠시 호흡을 고르고 이미지 메이킹을 해보자. 지금 찰랑찰랑 물이 가득 담긴 컵 하나를 손에 들고 있다. 테이크 어웨이와 백스윙 톱에 이를 때까지 컵에 담긴 물이 밖으로 넘치지 않는 느낌으로 스윙을 해야 한다. 이런 느낌을 갖고 백스윙을 천천히 하면 정확하고 일체감 있는 스윙을 만들수 있다.

거리와 방향성은 몸통 꼬임에서 나온다

"골프 스윙에선 백스윙 때 상체를 충분히 꼬아 주는 동작에 의해 파워와 방향성이 만들어진다."

상체와 하체의 꼬임 없이 체중만 이동한다면 일정한 거리와 방향을 얻을 수 없게 된다. 볼을 정확하고 멀리 보내기 위해서는 몸통 꼬임이 중요하다.

한 번쯤은 "행주 짜듯이"란 표현을 들어 봤을 것이다. 골프에서의 스윙은 백스윙 시 상체를 감아 주고, 다운스윙 시 하체를 풀어 주는 느낌이라고 생각하면 된다.

백스윙을 할 때에는 하체를 단단히 고정해 주어야 상체의 꼬임을 극대화할 수 있다. 상체가 팽팽하게 꼬인 느낌을 유지하자. 다운스윙을 할 때에는 하체를 먼저 리드해 주어야 임팩트 직전까지 상체와 하체의 꼬임이 잘 유지될 수 있다.

골프 스윙의 거리와 방향성은 백스윙 시 충분히 상체를 꼬아 주어야만 만들어질 수 있다는 것을 명심하자.

〈상·하체 분리 스윙〉

톱에서 잠깐 멈추자

"좋은 리듬과 일관된 백스윙을 만들기 위해 백스윙 톱에서 약간의 여유를 가지는 습관을 들여 보자."

스윙의 흐름을 잘 유지하려면 속도가 중요하다.

톱 단계에서 다운스윙으로 급하게 내려온다면 볼을 정확하게 맞추기 힘들어진다. 성급한 다운스윙을 피하려면 백스윙을 끝까지 해준 다음 톱 단계에서 잠시 멈춰 보자. 이렇게 멈추는 동작은 하체가 목표를 향하여 먼저 움직일 수 있게 해주며 그 결과 클럽을 안쪽으로 떨어뜨리는 것을 쉽게 해준다. 그러면 클럽 헤드를 볼에 좀 더 정확하게 접근시키는 스윙 궤도를 만들 수 있게 된다.

백스윙 톱 단계에서 잠시 멈추는 것은 왜일까? 백스윙을 끝까지 해줄 수 있어 다운스윙에 여유가 생기며 다운스윙이 빠르게 내려오는 것을 방지하고 하체가 먼저 목표를 향해 움직일 수 있게 도와주기 때문이다.

다운스윙 순서에 맞춰 하자

다운스윙 순서는
백스윙의 역순이다.

백스윙 톱의 몸통 꼬임을 다운스윙으로 연결하기 위해서는 정확한 순서로 내려와야 한다. 그래야 최대의 스윙 속도와 리듬을 가질 수 있다.

클럽을 휘두를 때 몸이 좌우로 움직이면 볼을 정확하게 맞추지 못한다. 클럽이 이상적으로 볼을 맞추기 위해서는 백스윙을 시작할 때 '손 → 팔 → 어깨 → 엉덩이 → 다리'의 순서로 진행되었다면, 다운스윙 때에는 '다리 → 엉덩이 → 어깨 → 팔 → 손'의 순서로 진행되어야 한다. 이때 체중이 오른쪽에서 왼쪽으로 자연스럽게 이동해야 다운스윙의 동작 또한 자연스럽게 차례대로 내려올 수 있다.

임팩트 시 양쪽 어깨는 어드레스의 재현이다

임팩트 순간 "아이고 벌떡 일어섰어!"라는 말이 나올 때가 있다. 몸 기울기를 유지하는 데 실패한 순간이다. 이 말에 공감한다면, 임팩트 순간까지 척추 각의 기울기를 유지해라. 허리 회전이 목표 방향을 향해야만 볼에 최대한의 힘을 가할 수 있으며, 팔로스루를 위한 공간도 확보할 수 있게 된다.

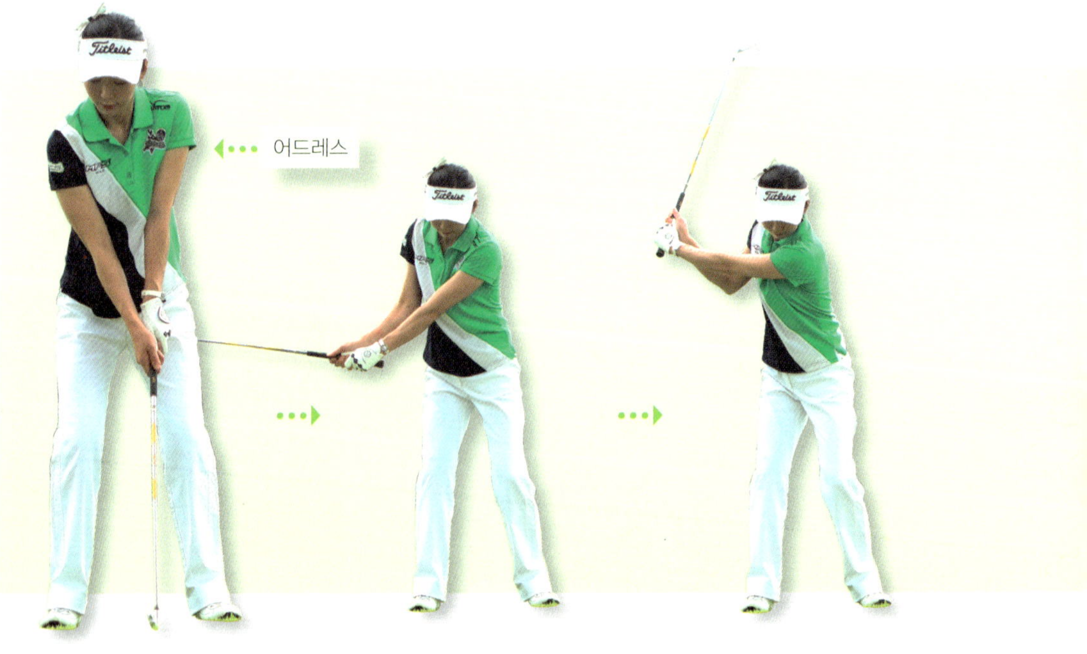

어드레스

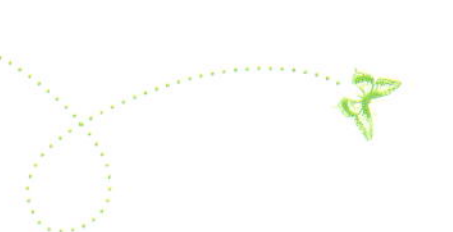

"임팩트 순간까지
어드레스 시 취했던 척추 각을 유지해야 한다.
어드레스 시의 어깨 모양을 유지한 상태로
허리 회전을 하는 연습을 하자."

임팩트 순간에 허리 회전 없이 어드레스 자세로만 되돌아오게 된다면, 팔에 의지하는 스윙을 하게 되어 미스 샷이 나오기 쉽다.

어드레스 시 만들었던 척추 각과 허리 회전을 임팩트 순간까지 유지하자.

제대로 된 임팩트는 어드레스 자세가 그대로 재현될 때에 이루어질 수 있다.

볼을 힘차게 보내고 싶다면 백스윙, 다운스윙, 임팩트 구간까지 어드레스 시 취했던 척추 각을 유지해라.

임팩트

"척추 각을 유지하지 못할 경우 훅, 슬라이스, 토핑, 더프 샷이 발생한다. 어드레스를 취했을 때의 척추 각을 끝까지 유지하자."

몸의 움직임이 많아질수록 정확도가 떨어지며, 제거리를 낼 수 없게 된다.

스윙 시 몸이 아래로 움직이는 경우

여유 공간이 부족하기 때문에 스윙 마무리가 힘들어지며, 치다 마는 스윙을 하게 된다.

결과

- 스윙이 앞으로 쏠리게 된다.
- 볼을 찍어 치게 되어 팔로스루가 생략된다.
- 클럽별 거리가 비슷해지며 제거리 내기가 힘들어진다.

스윙 시 몸이 위로 움직이는 경우

힘껏 멀리 보내는 데에만 신경 쓰다 보면 몸이 일어나게 되고, 헤드업을 하게 된다.

결과

- 볼을 정확히 맞추지 못하게 된다.
- 손목 사용이 쉬워지므로 순간적으로 손으로 볼을 맞추게 된다.
- 토핑이 발생하거나 슬라이스가 나타나게 된다.

Point

→ 해결 방법

가장 중요한 포인트는 어드레스 시의 척추 각을 얼마만큼 유지하며 스윙을 할 수 있느냐이다.

척추 각을 머릿속에 새겨 두고 백스윙-임팩트-팔로스루로 이어지는 일련의 동작들을 천천히 되풀이한 뒤 본래의 스윙 속도로 스윙한다.

스윙 아크를 최대한 크게 이용한다

"왼팔을 쭉 편 상태로 최대한 길게 팔을 뻗으면, 스윙 아크가 커지면서 원심력 또한 증가하기 때문에 헤드 스피드도 빨라지게 된다."

비거리를 내야 할 때는 백스윙 시 오른쪽에 체중을 실어 준다.

우선 오른발 한쪽만으로 설 수 있을 만큼의 체중을 오른쪽에 싣는다. 다운스윙 시 체중을 왼쪽으로 옮겨 준 뒤 자연스럽게 볼을 친다. 이때에도 역시 왼발 한쪽만으로 설 수 있을 만큼의 체중을 왼쪽에 실어야 한다. 양팔을 길게 뻗어 주면, 스윙 아크가 커지면서 자연스럽게 원심력도 함께 증가하기 때문에 볼이 멀리 날아가게 된다. 클럽 헤드의 스피드를 최대한 높일 수 있다.

팔로스루는 목표 방향으로 길게 뻗어 준다

팔로스루 시 그립 끝은 배꼽을 향하게 하고, 클럽 헤드를 목표 방향으로 뿌려 준다. 이때 왼손 손바닥은 정면을 향한다.

그립 끝에 나무 티를 꽂고 그립 끝이 배꼽을 향해 있는지 확인해 보자.

그립 끝은
배꼽을 바라보게~

클럽 페이스 회전과 릴리스

"릴리스는 만드는 것이 아니라 만들어지는 것이다."

릴리스란 임팩트 후 클럽이 회전되며 손이 교차되는 모양이다. 좋은 릴리스는 손을 사용해 인위적으로 만드는 것이 아니라, 회전할 때의 원심력을 이용하여 순간적으로 자연스럽게 만들어지는 것이다.

릴리스를 못하는 경우

릴리스를 못하는 경우는 임팩트 전후, 클럽을 몸 쪽으로 잡아당겼거나 걷어 올리는 동작(치킨 윙)을 할 때 나타난다. 클럽 페이스가 열린 상태로 볼이 맞으면 페이드나 슬라이스 구질이 발생하게 되며, 거리 손실이 생긴다.

→ 해결 방법

볼을 치기 전 연습 스윙을 해 본다. 손목만 사용하는 것을 자제하고 양쪽 팔을 이용해 릴리스를 연습한다.

part
05

우드, 부드럽게 쳐야겠죠?

페어웨이 우드

우드 치는 법

우드의 방향성을 높이는 방법

유틸리티 우드

페어웨이 우드

" 드라이버 비거리가 짧은 골퍼들이나
여성 골퍼에게 유용한 클럽이다. "

우드는 롱 아이언보다 정확성은 떨어지지만 샤프트가 길고 바운스가 넓어 거리가 많이 나가는 장점이 있다. 쓸어 치는 느낌으로 스윙하면 볼에 런이 많이 생겨 드라이버 거리가 나지 않아 고민하는 골퍼들에게 효율적인 클럽이다. 또한 치기 쉽기 때문에 긴 세컨샷이 남을 경우 유용하다. 페어웨이 우드는 잘만 사용한다면 최고의 무기가 될 수 있는 클럽이다.

→ 페어웨이 우드 치는 방법

- 몸과 우드로 역 K자를 만든다는 느낌으로 어드레스를 취한다.
- 아이언보다 클럽 길이가 긴 만큼 스탠스를 아이언보다 넓게 선다.
- 볼은 왼발 가까이에 둔다.
- 바로 코킹하지 말고, 평소보다 길고 낮은 테이크 어웨이를 한다.
- 클럽이 길어진 만큼 여유 있는 스윙을 한다.
- 부드럽게 쓸고 지나가는 느낌으로 스윙한다.

〈페어웨이 우드〉

부드럽게 쓸어 치는 느낌으로~~

손은 허벅지 중간에 놓는다. 테이크 어웨이는 평소보다 길고 낮게 든다.

클럽이 길어진 만큼 스윙은 여유 있게 큰 아크를 그린다.

볼은 왼발 가까이에 둔다.

우드 치는 법

> 우드 샷은 벌이 날아와 쏘는 느낌보다는 나비가 스쳐 지나가는 느낌에 가깝다.

우드를 사용할 때에 볼을 멀리 보내는 것도 중요하지만, 자신이 원하는 방향으로 정확히 보내는 것 또한 중요하다.

비거리에만 욕심을 내게 되면 몸에 힘이 들어가 정확히 볼을 맞추기 힘들어진다. 긴 클럽일수록 스윙은 여유 있게, 체중 이동은 충분히 해 주어야 한다.

볼의 정확한 위치는 스윙 아크의 최저점으로 왼발 뒤꿈치 안쪽이다. 만약 볼을 중앙에 놓는다면 찍어 칠 가능성이 높아진다. 볼과 몸 사이의 거리를 적절히 유지하여 스윙 시 상체가 앞쪽으로 쏠리거나 위로 들리지 않게 해야 한다.

우드의 테이크 어웨이는 낮고 길게 가져가는 것이 중요하다. 클럽 헤드를 30cm 정도 충분히 끌어 주어야 적절한 스윙 아크를 만들 수 있다.

어깨 턴은 충분히 한다.

우드는 드라이버 샷과 마찬가지로 어깨 턴이 충분히 이루어져야 한다. 백스윙 시 왼쪽 어깨가 턱을 감싸줄 수 있을 만큼 충분히 돌려 준다.

Point

팔만 들어 올리는 백스윙은 다운스윙 시 몸이 앞으로 쏠리거나 위로 들리게 만든다. 낮고 긴 테이크 어웨이와 충분한 어깨 턴을 만든 후 다운스윙 때는 상체가 먼저 나가지 않게 한다. 임팩트 후 충분한 릴리스가 이루어진 상태라면 볼은 목표를 향해 정확히 날아갈 것이다.

우드의 방향성을 높이는 방법

"클럽 헤드를 목표 방향으로 던진다."

두 팔을 목표 방향으로 뻗으면서 볼을 보내야 할 방향과 평행하게 클럽 헤드가 지나가는 길을 만들어 보자. 바닥 위의 클럽 두 개가 만든 평행선은 볼을 보내야 할 목표 방향이자 클럽 헤드가 지나가야 할 이상적인 궤도를 알려 주는 것이다.

Point

→ 해결 방법

우드의 방향성이 좋지 않을 때에는 볼 앞뒤에 15cm 정도의 간격을 두고 클럽 두 개를 놓은 다음, 연습해 보자.

유틸리티 우드

"우드와 아이언의 장점만을 모아서 만든 고마운 클럽이다."

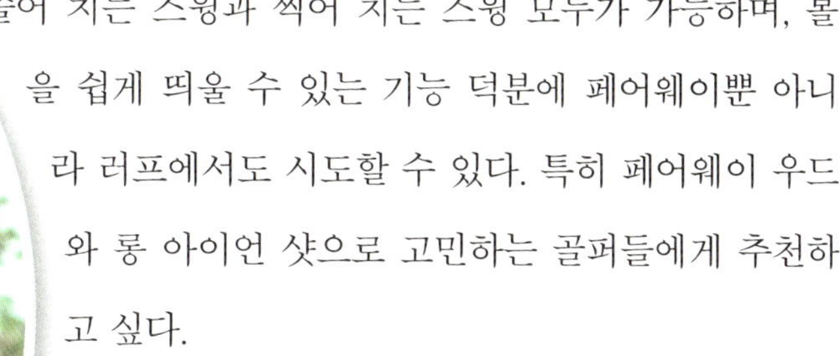

쓸어 치는 스윙과 찍어 치는 스윙 모두가 가능하며, 볼을 쉽게 띄울 수 있는 기능 덕분에 페어웨이뿐 아니라 러프에서도 시도할 수 있다. 특히 페어웨이 우드와 롱 아이언 샷으로 고민하는 골퍼들에게 추천하고 싶다.

3번 아이언으로 치면 좀 멋져 보이지만 그만큼의 위험 부담이 뒤따른다. 골퍼의 선택에 맡긴다.

유틸리티 우드는 아이언 샷을 하듯 임팩트 때 약간 볼을 찍는다는 느낌으로 스윙하는 것이 좋다.

Point

→ 유틸리티 우드 치는 방법

- 안정적인 스탠스를 취한다.
- 우드 때보다 오른쪽에 볼을 놓아야 한다.
- 클럽이 길수록 여유 있게 들어 올린다.
- 임팩트까지의 스윙은 속도를 내야 한다.
- 피니시는 높게 마무리한다.

QR코드 동영상으로 확인하세요

part
06

아이언, 정확하게 쳐야겠죠?

아이언 샷

아이언 치는 법

정확한 방향 만들기

아이언 샷

"클럽 길이에 따라
스탠스 너비와
볼 위치는 바뀐다."

아이언 클럽은 쇼트 아이언, 미들 아이언, 롱 아이언으로 크게 분류된다. 각각의 클럽마다 로프트와 채의 길이가 다르다. 클럽이 짧을수록 볼 위치는 오른쪽으로, 클럽이 길수록 볼 위치는 왼쪽에 두어야 하며, 클럽이 길어질수록 스탠스의 너비 역시 조금씩 넓게 서야 한다.

롱 아이언으로 샷을 할 때 원래 위치보다 볼이 오른쪽에 있으면 띄우기 어려워지고, 쇼트 아이언으로 샷을 할 때 볼이 왼쪽에 있으면 지나치게 많이 뜨거나 미스 샷을 유발하게 된다.

아이언은 각각의 클럽마다 로프트와 채의 길이가 다르기 때문에, 길이에 따라 스탠스의 너비와 볼 위치에 변화를 줘야 한다.

아이언 치는 법

**"흔히들 롱 아이언은 쓸어 치고,
쇼트 아이언은 찍어 친다는 말을 한다."**

아이언 샷을 할 때 일정한 방향성과 거리의 중요성을 늘 생각하자.

일정한 방향 확보를 위해서는 정확한 에임이 필요하며, 일정한 거리를 위해서는 간결한 스윙이 필요하다.

같은 7번 아이언으로 샷을 할 때 130미터까지 나갈 때가 있는가 하면 100미터 정도밖에 안 나갈 때도 있다. 물론 상황에 따라 다르겠지만, 중요한 것은 큰 근육을 사용해 간결한 동작을 취해야만 일정한 거리를 유지할 수 있다는 것이다.

"아이언을 잘 치기 위해서는
스탠스 너비, 볼 위치, 체중 분배가 중요하다."

쇼트 아이언이나 롱 아이언의 스탠스 너비를 같게 하면 체중 이동이 올바르게 되지 않기 때문에 일정한 거리와 방향으로 보낼 수 없게 된다. 볼 위치는 클럽의 숫자가 낮을수록 왼쪽, 높을수록 오른쪽에 둔다. 만약 쇼트 아이언을 치는데 볼 위치를 드라이버 칠 때처럼 왼쪽에 두게 되면 필요 이상으로 상체를 이용해 볼을 맞추게 되고 중심축이 무너져 일정한 타격을 할 수 없게 된다. 쇼트 아이언은 거리가 가까울수록 거리감이 중요하기 때문에 어드레스 시 체중을 왼쪽에 두고 스윙을 해야 움직임을 최소화할 수 있다.

일정한 거리를 얻기 위해서는 간결하고 큰 근육을 사용하는 것이 좋다.

상체 회전은 충분히 해주고, 가파르게 다운스윙한다.

→ 쇼트 아이언 치는 방법

- 스탠스는 어깨너비보다 약간 좁게 선다.
- 체중은 왼발에 둔다.
- 볼 위치는 중앙이나 중앙에서 약간 오른쪽에 둔다.
- 백스윙을 할 때에는 업라이트하게 위로 들어 올린다.
- 다운스윙을 할 때에는 체중을 왼쪽에 유지해 둔다.

 다운 스윙은(쇼트 아이언보다) 낮고 길게 피니시는 한 번에. 

→ 롱 아이언 치는 방법

- 스탠스는 어깨너비보다 약간 넓게 선다.
- 체중은 양발에 둔다.
- 볼 위치는 중앙에서 볼 한 개 정도 왼쪽에 둔다.
- 백스윙을 할 때에는 낮고 길게 여유를 가지며 들어 올린다.
- 다운스윙에서 피니시는 한 번에 한다.

정확한 방향 만들기

" 정확한 방향성을 만들기 위해서 중요한 것은 몸의 축을 고정하는 것이다. "

비교적 짧은 거리가 남아 있는 경우라면 무엇보다 방향성이 중요하다. 똑같이 온 그린에 성공한다 해도 홀과 얼마나 떨어져 있느냐에 따라 스코어가 달라지기 때문이다.

볼의 정확한 방향성을 확보하기 위해 우선시해야 할 점은 몸의 축을 고정하는 것이다. 특히 남은 거리가 짧을 경우 자신의 자세를 이미지화 하며 스윙하는 것이 좋다. 몸이 정수리부터 꼬리뼈까지 일직선으로 쭉 뻗은 축을 중심으로 고정되어 있다고 생각하자. 단단히 축을 고정해 둔 상태로 스윙을 해야 짧은 거리의 스윙일지수록 훨씬 쉽게 느껴질 것이다.

→ 손목을 과도하게 사용할 때의 해결 방법

- 왼손 손바닥과 왼팔을 아래로 편하게 펴준다.
- 오른손 손바닥으로 왼손 손바닥을 때린다.
- 두 손바닥이 맞닿았을 때의 모양이 실제 임팩트 때의 모양과 같은지 확인한다.

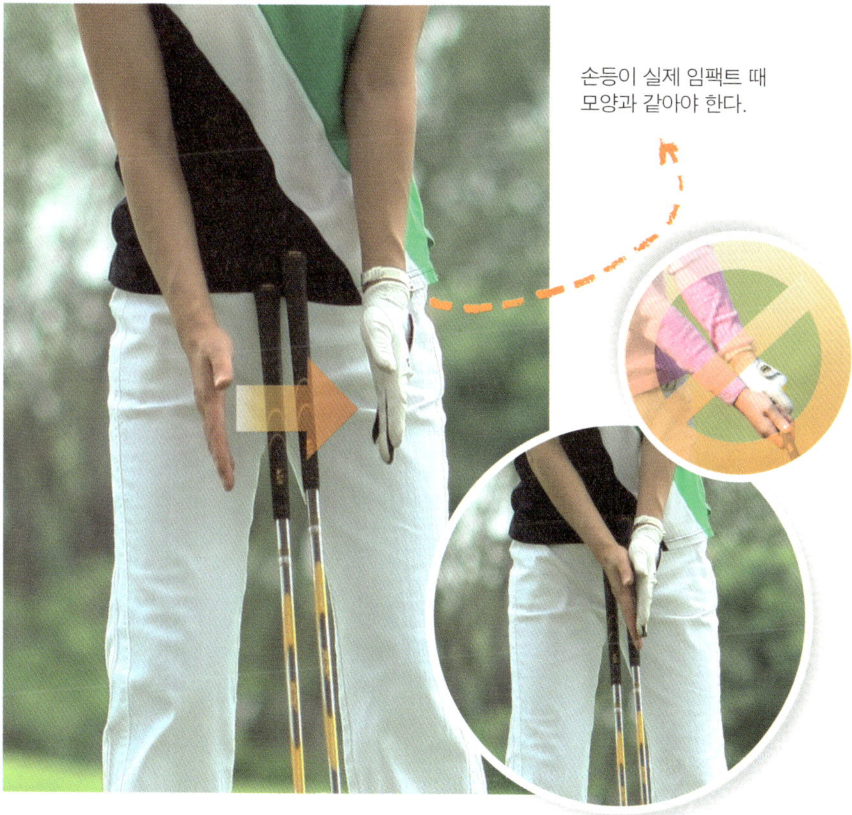

손등이 실제 임팩트 때 모양과 같아야 한다.

→ 체중을 적절하게 이동하지 못할 경우의 해결 방법

- 백스윙 시 왼발을 바닥에서 완전히 떼고 오른발 하나로 지탱한다.
- 다운스윙 이후에는 왼발 하나로 지탱한다.
- 일정한 리듬을 유지하며 반복, 연습한다.

백스윙 시 왼발을 들고 오른발의 힘으로만 지탱한다.

다운스윙 시 오른발을 들고 왼발 하나의 힘으로만 지탱한다.

→ 리듬과 축이 무너지는 경우의 해결 방법

- 볼을 여러 개 나란히 놓은 후, 클럽을 잡고 동일한 리듬을 유지하며 연속 동작으로 볼을 쳐 낸다.
- 몸의 축을 유지한 상태로 백스윙 시 '하나', 다운스윙 시 '둘'을 세며 볼을 치자.
- 볼 하나를 쳐도 똑같은 축과 리듬을 유지하며 칠 수 있을 때까지 연습해야 한다.

여러 개의 볼을 나란히 놓고 볼 앞쪽에 디봇이 생기도록 연습한다.

머리 움직임이 없이 몸의 축을 그대로 두고 연습한다.

"몸의 높낮이 변화가 생기면
더프 샷(뒤땅)과 토핑이 나타난다."

더프 샷(뒤땅)과 토핑을 방지하려면 몸의 높낮이에 변화가 없어야 한다. 과도하게 힘을 주는 경우 몸의 높낮이가 변하기 쉽다. 손등을 턱 아래에 두고 그 위치가 변하지 않게 스윙을 해보자. 스윙할 때에도 이 감각을 유지하고 실행해 보자. 자세 고정이 쉽지 않다면 주변 사람의 도움을 받는 것도 효율적이다.

Point

왼손 하나로만 클럽을 잡고 오른손을 턱에 댄 채로 스윙 연습을 하자.
뒤땅과 토핑 예방에 유용한 훈련법이다(키 높이를 유지해 미스 샷 방지하기).

〈몸의 높낮이 유지하는 방법〉

part
07

트러블 샷이 어려우시다고요?

볼이 발보다 위에 있을 때 - 훅 라이

볼이 발보다 아래에 있을 때 - 슬라이스 라이

오르막 경사 - 훅 라이

내리막 경사 - 슬라이스 라이

러프

디봇

볼이 발보다 위에 있을 때
_훅 라이

클럽은 한 클럽 길게,
그립은 평소보다 짧게.

일반적으로 볼이 오른쪽에서 왼쪽으로 휘게 된다.

볼 위치가 높기 때문에 더프 샷(뒤땅)이 나오기 쉬우므로, 그립을 짧게 내려 잡는 것이 좋다. 어드레스 때에는 상체를 세우고 무게 중심이 뒤로 밀려나지 않도록 주의해야 한다. 경사에 의해 자연스럽게 플랫한 스윙으로 바뀌게 된다.

Point

→ 볼이 발보다 위에 있을 때 치는 방법

- 평소보다 한 클럽 정도 긴 클럽을 선택한다.
- 어드레스 시 상체를 세운다.
- 어드레스 시 체중을 앞쪽으로 싣는다.
- 목표 방향보다 오른쪽을 겨냥한다.
- 그립은 조금 짧게 내려 잡는다. 경사가 심할수록 더 짧게 잡는다.
- 볼은 평소보다 오른쪽에 둔다.
- 몸동작보다는 팔의 움직임으로 스윙한다.
- 피니시는 균형감을 잃지 않을 정도의 크기로 한다.

〈볼이 발보다 높을 때〉

1
한 클럽 정도 더 긴 클럽을 선택한다.

2
그립을 짧게 내려 잡은 다음 목표 방향보다 오른쪽을 겨냥한다.

3
평소보다 무릎을 펴주고, 상체를 세운다.

4
몸동작보다 팔을 이용한다.

5
하체와 몸을 고정시키고 경사면에 따라 스윙한다.

6
피니시는 균형감을 잃지 않도록 한다.

볼이 발보다 아래에 있을 때
_슬라이스 라이

그립은 길게 올려 잡고,
무릎 모양을 스윙 내내 유지한다.

일반적으로 볼이 왼쪽에서 오른쪽으로 휘게 된다.

볼 위치가 낮기 때문에 토핑 샷이 나오기 쉬우므로, 그립을 길게 올려 잡는 것이 좋다. 어드레스 때에는 상체를 숙이고 볼에 닿을 수 있을 정도로 무릎을 구부린다. 경사에 의해 자연스럽게 업라이트한 스윙으로 바뀌게 된다.

→ 볼이 발보다 아래에 있을 때 치는 방법

- 평소보다 한 클럽 정도 긴 클럽을 선택한다.
- 어드레스 시 상체를 숙인다.
- 무릎을 평소보다 많이 구부린다.
- 어드레스 시 체중을 뒤쪽으로 싣는다.
- 스탠스는 평소보다 넓게 선다.
- 목표 방향보다 왼쪽을 겨냥한다.
- 그립 끝 쪽으로 길게 잡는다.
- 볼은 평소보다 왼쪽에 둔다.
- 스윙은 가파르게 한다.
- 피니시는 균형감을 잃지 않을 정도의 크기로 한다.

〈볼이 발보다 낮을 때〉

1 어드레스 시 상체를 숙이고 무릎을 구부린다. 체중은 뒤쪽에 싣는다.

2 한 클럽 정도 긴 클럽을 선택하고 그립의 끝을 잡는다.

3 평소보다 넓은 스텐스를 취한 뒤 목표 방향보다 약간 왼쪽을 겨냥한다.

4 스윙은 가파르게 한다.

5 피니시는 균형감을 잃지 않도록 한다.

오르막 경사
_훅 라이

경사면에 따라 스윙하고 피니시는 높게 한다.

일반적으로 볼이 오른쪽에서 왼쪽으로 휘게 된다. 이때 몸의 중심이 무너지지 않도록 리듬과 템포를 부드럽게 해준다. 임팩트 때에는 클럽 페이스가 닫히지 않도록 주의해야 하고, 경사면을 따라 스윙한다. 경사에 의해 볼은 자연스럽게 정상적인 로프트보다 높은 탄도로 날아가게 된다.

Point

→ 오르막 경사에서 치는 방법

- 스탠스 시 무릎과 어깨가 경사면과 평행하도록 만든다.
- 스탠스는 평소보다 넓게 선다.
- 볼은 평소보다 왼쪽에 둔다. 경사가 심할수록 더 왼쪽에 둔다.
- 목표 방향보다 오른쪽을 겨냥한다.
- 몸동작보다는 팔의 움직임으로 스윙한다.
- 백스윙 시 오른발로 중심을 유지한다.
- 팔로스루는 경사면을 따라 스윙한다.
- 피니시는 높게 하고 균형감을 잃지 않을 정도의 크기로 한다.

〈오르막 경사〉

1 스탠스, 무릎과 어깨를 경사면과 평행하게 만든 다음, 평소보다 넓게 선다.

2 볼은 평소보다 왼쪽에 둔 다음 목표 방향보다 오른쪽을 겨냥한다. 경사가 가파를수록 볼을 왼쪽에 둔다.

3 백스윙을 할 때에는 오른발에 체중을 싣고 무게 중심을 유지한다.

4 팔로스루는 경사면을 따라 스윙한다.

5 피니시는 높게 하고, 무게 중심이 유지되어 균형감을 잃지 않도록 한다.

내리막 경사
_슬라이스 라이

일반적으로 볼이 왼쪽에서 오른쪽으로 휘게 된다.

이때 몸의 중심이 무너지지 않도록 상체로 스윙해야 하며 하체는 가급적 사용하지 않는다.

3/4 스윙으로 몸의 중심이 무너지지 않게 리듬과 템포를 생각하며 경사면을 따라 스윙한다. 경사에 의해 볼은 자연스럽게 정상적인 로프트보다 낮은 탄도로 날아가게 된다.

Point

→ 내리막 경사에서 치는 방법

- 스탠스 시 무릎과 어깨가 경사면과 평행하도록 만든다.
- 스탠스는 평소보다 넓게 선다.
- 볼은 평소보다 오른쪽에 둔다. 경사가 심할수록 더 오른쪽에 둔다.
- 목표 방향보다 왼쪽으로 겨냥한다.
- 하체보다는 상체로 스윙한다.
- 가파른 백스윙을 한다.
- 팔로스루는 경사면을 따라 스윙한다.
- 피니시는 균형감을 잃지 않을 정도의 크기로 한다.

〈내리막 경사〉

1

2

3

4

1 스탠스, 무릎과 어깨를 경사면과 평행하게 만든다. 스탠스는 평소보다 넓게 서고, 볼은 평소보다 오른쪽에 둔다.

2 목표 방향보다 왼쪽을 겨냥해야 하며, 백스윙은 가파르게 한다.

3 무게 중심을 유지한 채 상체로 스윙하고, 팔로스루는 경사면을 따라 스윙한다.

4 피니시는 균형감을 잃지 않도록 한다.

러프

"평소보다 가파르고
자신 있게 스윙한다."

볼이 페어웨이를 벗어나 러프에 들어가면 걱정부터 앞서게 된다.

'탈출하지 못하는 건 아닐까?'

'클럽이 러프에 박히면 어쩌지?'

러프 길이가 길어 클럽과 볼 사이에 잔디가 끼는 경우 클럽 헤드가 덮이거나 그립이 돌아가기도 한다. 하체가 흔들리거나 목표 방향으로 미리 회전이 되어 정확한 임팩트가 어려운 상황도 발생한다.

볼의 상태를 정확히 파악하는 것이 제일 우선으로 해야 할 일이다.

→ 러프에서 치는 방법

- 길고 두꺼운 풀숲에 빠진 공을 공략하기 위해서는 로프트가 큰 웨지를 선택한다.
- 그립은 단단히 잡고, 클럽 콘트롤이 용이하도록 그립은 짧게 잡는다.
- 스윙은 평상시보다 가파른 스윙을 해야 하며 하체를 단단하게 유지한다.
- 다운스윙 때에는 러프를 완전히 지나가도록 상체 회전을 최대한 이용해 팔로스루까지 이어지도록 한다.

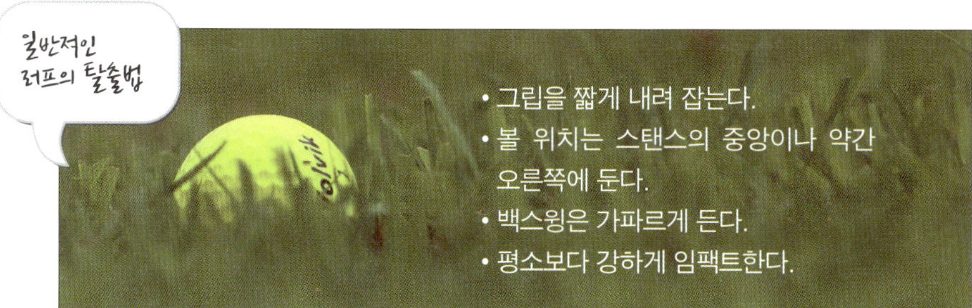

일반적인 러프에서 스윙할 때는 칼로 풀을 벤다는 느낌으로 하자. 구르는 정도를 계산하는 것이 중요하다.

지나치게 가파른 스윙을 할 경우 클럽이 볼을 맞추지 못하고 볼 밑으로 클럽만 빠져나가 볼이 제자리에 떨어져 버리는 경우도 생긴다. 어드레스를 취할 때 볼의 높이만큼 클럽을 살짝 들어 부드러운 스윙으로 쓸어 치는 것이 중요하다.

그립을 약하게 잡으면 클럽이 돌아가 버린다. 임팩트 시 클럽 헤드가 러프 속을 완전히 지나갈 수 있도록 상체 회전을 최대한 이용해 팔로스루까지 한번에 하자. 로프트가 큰 클럽을 선택해 안전하게 탈출하는 것이 중요하다.

디봇

"또 하나의 디봇을 만든다."

볼이 디봇에 들어가게 되면 심리적으로 불안해진다. 우선 디봇 내의 볼 위치(앞, 중간, 뒤)를 파악하는 것이 중요하다.

불안한 마음이 앞서게 되면 지나친 긴장감으로 골퍼의 판단이 흐려진다. 침착하게 볼이 디봇 내의 어디에 위치했는지, 앞, 뒤, 중간, 어디에 있는지 정확히 파악하자.

Point

→ 디봇에서 치는 방법

일반적으로 볼이 디봇 중간이나 앞쪽에 있을 때 토핑이 나타나기 쉽다.

다운스윙 시 손목이 풀리지 않게 조심하자. 스윙은 최대한 간결하게, 팔로스루는 1/4 스윙하듯 짧게 한다. '또 하나의 디봇을 만든다'는 느낌이 중요하다.

→ 디봇의 중간이나 앞에 볼이 있을 때 치는 방법

- 평소보다 한 클럽 정도 긴 클럽을 선택한다.
- 그립을 약간 짧게 잡는다.
- 볼 위치는 오른발 쪽에 둔다.
- 체중은 왼발에 둔다.
- 백스윙은 가파르게 든다.
- 다운스윙은 가파르게 한다.
- 임팩트 때 손이 클럽 헤드보다 앞에 위치하게 한다.
- 임팩트 후 클럽 헤드를 낮게 유지한다.

디봇 앞쪽에 볼이 있을 경우

디봇 중간에 볼이 있을 경우

→ 디봇 뒤에 볼이 있을 때 치는 방법

- 볼 위치는 평상시와 같이 둔다.
- 평상시와 같은 스윙을 한다.

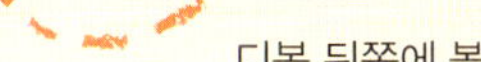

디봇 뒤쪽에 볼이 있을 경우

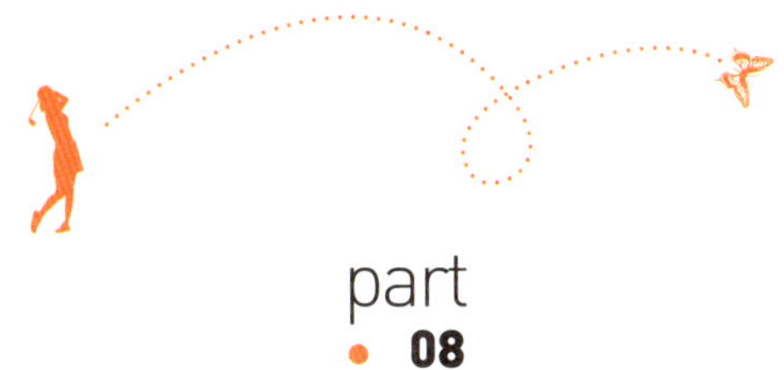

part
08

쇼트 게임, 역시 만만치 않죠?

어프로치
피치 샷
칩 앤 런
로브 샷

어프로치

골프 스코어를 낮출수 있는 방법은 역시 쇼트 게임이다. 드라이버나 아이언으로 거리를 낸다면 어프로치 샷은 그린 주변에서 볼을 띄우고 정확하게 홀에 가까이 붙이는 목적으로 사용한다.

어프로치 샷은 어드레스 때와 임팩트 때 굽힌 허리 각도를 동일하게 유지하는 것이 가장 중요하다.

어드레스 자세는 곧 임팩트 자세로 이어져야 한다.

> 쇼트 게임의 목적은 그린 주변에서 볼을 홀에 가깝게 붙여 스코어를 줄이는 것이다.

Point

→ 어프로치 치는 방법

- 왼발과 골반이 목표보다 왼쪽을 향하는 오픈 스탠스를 취한다.
- 왼발에 체중의 60~70%를 둔다.
- 볼 위치는 오른발 안쪽에 둔다.
- 양손은 클럽 페이스보다 약간 앞쪽에 놓는다.

"양팔과 몸통의 움직임이 하나가 되도록 하고
스윙은 좌우대칭을 유지한다."

12
11
1
10
2
9
3
8
4
7
5

양팔과 몸통을 함께 회전시킨다.

짧은 거리에서 더프 샷(뒤땅)이나 토핑이 나와 속상한 경험이 있는 사람이라면, 팔과 몸이 따로 움직였던 것은 아닌지 확인해 보자.

어프로치에서는 양팔과 몸통의 회전이 함께 이루어지는 것이 중요하다. 스윙 아크가 커지면 회전도 커지고, 스윙 아크가 작아지면 회전도 작아져야 한다. 올바른 회전을 하지 못할 경우에는 더프 샷(뒤땅)이나 토핑이 발생할 수 있다.

스윙 아크와 회전은 동시에 이루어져야 한다.

→ 어프로치 연습 방법

어프로치 동작에서 중점적으로 신경 써야 할 부분은 상반신의 회전이다.
양팔과 몸통의 움직임이 하나가 되도록 일체감을 느끼며 연습해 보자.

1. 오른손 하나로 어드레스를 취한 다음 왼손으로는 다른 클럽 하나를 들고 가슴 높이에 둔다.
2. 왼손의 클럽을 가슴에 붙인 채로 백스윙을 한다.
3. 자세를 그대로 유지하며 다운스윙에서 팔로스루까지 연결한다.
4. 팔과 몸통의 스윙이 피니시에 이를 때까지 흔들리지 않고 함께 이루어지도록 한다.

〈어프로치 연습 방법〉

피치 샷

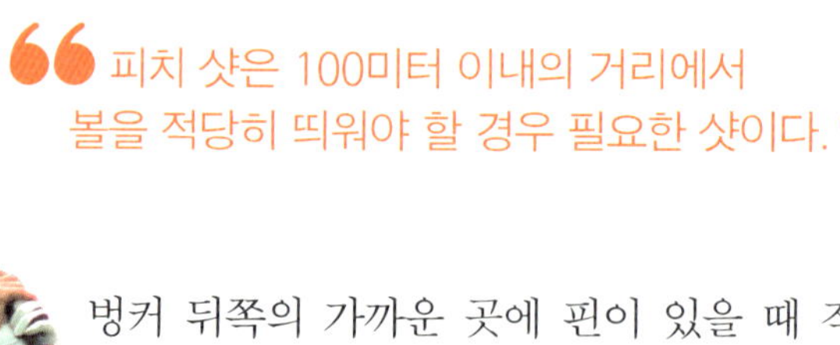

"피치 샷은 100미터 이내의 거리에서 볼을 적당히 띄워야 할 경우 필요한 샷이다."

벙커 뒤쪽의 가까운 곳에 핀이 있을 때 직접 장애물을 넘긴 다음 볼이 굴러가는 것을 최소화하는 기술이다.

볼을 띄우기 위해서는 샌드 웨지나 피칭 웨지처럼 로프트가 큰 클럽을 선택하자. 핀과 가까운 장애물을 넘겨야 할 상황이라면 로브 웨지를 선택하는 것이 좋다.

Point

→ 피치 샷 하는 방법

- 왼발과 골반이 목표보다 왼쪽을 향하는 오픈 스탠스를 취한다.
- 거리가 멀수록 평소와 같은 아이언 샷 어드레스를 한다.
- 그립을 짧게 내려 잡는다.
- 볼 위치는 가운데에 둔다.
- 체중은 왼쪽에 둔다.

〈잘못된 피치 샷〉

→ **해결 방법**

칩 앤 런

" 어드레스 때의 삼각형을 유지해야
몸과 팔이 일체감 있게 움직일 수 있다. "

그린 주변에서는 칩 앤 런이 쉽다. 볼을 띄우는 것보다 굴리는 것이 이미지화 하기 쉽고, 퍼팅에 가까운 스윙으로 칠 수 있기 때문이다.
볼을 띄울 것인지 굴릴 것인지의 비율에 따라 클럽을 선택하자. 띄우기와 굴리기의 비율이 3:7 정도일 때는 8번과 9번 아이언이, 2:8 정도일 때는 7번 아이언이 그리고 1:9 정도일 때는 6번 아이언이 적절하다.

→ 칩 앤 런의 방법

- 그립을 짧게 내려 잡는다.
- 양손은 클럽 헤드보다 앞쪽에 오도록 하고, 클럽 로프트를 약간 세운다.
- 볼 위치는 오른발 앞쪽에 둔다.
- 체중은 약간 왼발에 둔다.

띄우는 거리 3 : 굴러가는 거리 7

〈칩 앤 런〉

로브 샷

로브 샷은 자신감을 가지고
클럽 헤드를 부드럽게 가속시켜야 한다.

볼을 최대한 높이 띄워 최소한의 굴림이 필요할 때 사용한다. 로브 샷을 할 때에는 볼의 라이 상태, 잔디의 길이와 그라운드의 강도 등을 확인해야 하며, 스윙의 크기와 클럽 헤드의 각도도 사전에 계산해 둬야 한다. 로브 샷은 원래 각도보다 클럽 헤드를 눕히고 스탠스를 오픈한 다음 크게 백스윙하여 볼을 띄워야 하기 때문에 실수가 생길 확률이 높다. 실수의 범위도 굉장히 크다.

클럽 페이스가 컵을 받쳐주는 느낌

Point

→ 로브 샷 하는 방법

- 클럽 페이스를 최대한 오픈한다.
- 볼 위치는 스탠스의 왼발 쪽으로 둔다.
- 클럽이 열린 만큼 목표 방향의 왼쪽을 본다.
- 그립을 부드럽게 잡아 클럽 헤드의 무게를 느낀다.

〈로브 샷〉

손목을 쓰게 되면
미스 샷이 나타난다.
NG
클럽 페이스를 열어 준
상태를 유지하며 공과
지면 사이로 통과시켜
준다.
해결 방법
Point
백스윙은 완만한
궤도로 올린다.
오픈된 페이스 각도를
유지하면서 완만한
팔로스루를 해준다.

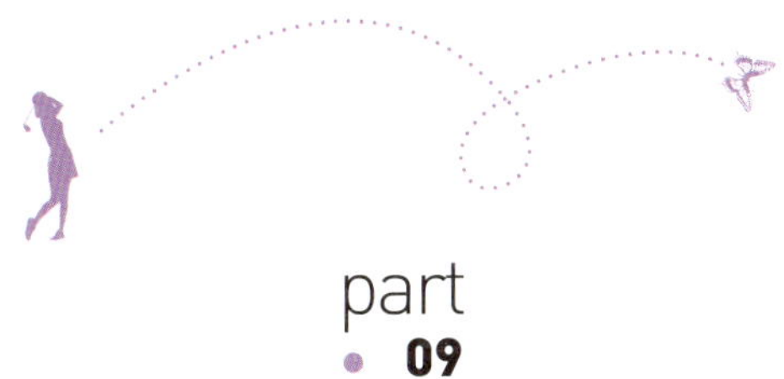

part
09

벙커에만 들어가면 왜 작아질까요?

벙커

그린 주변 벙커에서의 일반적인 자세

벙커에서 거리 조절하기

QR코드 동영상으로 확인하세요

벙커

" 벙커 샷은 볼을 직접 치는 것이 아니라 클럽으로 볼 뒤의 모래를 치는 것이다. "

골퍼들이 굉장히 부담스럽게 느끼는 것들 중 하나가 벙커다.

샌드 웨지는 모래를 잘 떠 올릴 수 있도록 디자인 되어 있기 때문에, 클럽 헤드가 부드럽게 모래를 지나며 볼을 띄워 올릴 수가 있다.

벙커 샷은 모래를 치는 샷이다. 볼을 직접 치는 것이 아니라 클럽으로 볼 뒤의 모래를 쳐야 한다. 벙커의 높이와 모래의 깊이 그리고 볼이 놓인 상태를 살펴보는 것이 중요하다.

그린 주변 벙커에서는 자신감이 중요하다.

벙커에 들어서기 전, 미리 그립을 잡고 클럽 페이스 모양을 만들어 두자. 자연스럽게 가볍고 가파른 스윙을 한다. 백스윙은 부드럽고 여유 있게 하고, 피니시는 자신 있게 한다.

〈벙커 어드레스〉

그린 주변 벙커에서의 일반적인 자세

"벙커 샷은 정확한 셋업과 자신감이 샷의 성패를 좌우할 만큼 중요하다."

→ 그린 주변 벙커에서 치는 방법

- 그립을 짧게 내려 잡고 볼 위치는 왼발 쪽에 둔다.
- 오픈 스탠스를 취하고 모래에 발을 파묻는다.
- 목표 방향보다 왼쪽을 바라본다.
- 백스윙은 가파르게 든다.
- 다운스윙은 가파르게 한다.

〈그린 주변의 벙커 샷〉

그립을 짧게 잡고
볼 위치는
왼발에 둔다.

백스윙은
가파르게 든다.

볼 뒤의 모래
부분을 가파르게
친다.

피니시는
자신 있게
뻗어 준다.

벙커에서 거리 조절하기

“자신감이 곧
벙커 탈출의 지름길임을 잊지 말자.”

벙커는 볼을 직접 공략하는 것이 아니라 모래를 공략하여 그 힘으로 탈출을 하는 것이 포인트이다. 자신감 있는 팔로스루와 피니시가 무엇보다도 중요하다.

〈벙커 거리 조절 방법과 치는 방법〉

➔ 10M 벙커에서의 거리 조절 방법

- 그립을 짧게 내려 잡는다.
- 오픈 스탠스로 선다.
- 볼 위치는 왼발 쪽에 둔다.
- 모래에 발을 파묻는다.
- 평소보다 짧은 백스윙과 피니시를 한다.

➔ 40M 벙커에서의 거리 조절 방법

- 피칭 웨지나 쇼트 아이언을 선택한다.
- 그립을 짧게 내려 잡는다.
- 오픈 스탠스로 선다.
- 볼 위치는 가운데에 둔다.
- 모래에 발을 파묻는다.
- 피니시는 자신 있게 한다.

➔ 페어웨이 벙커에서 우드와 아이언 치는 방법

- 평소보다 한 클럽 정도 긴 클럽을 선택한다.
- 볼은 평소보다 오른쪽에 둔다.
- 어드레스 시 턱을 약간 들어 준다.
- 모래에 발을 살짝 파묻는다.
- 목표 방향보다 약간 왼쪽을 바라본다.
- 간결한 스윙을 한다.

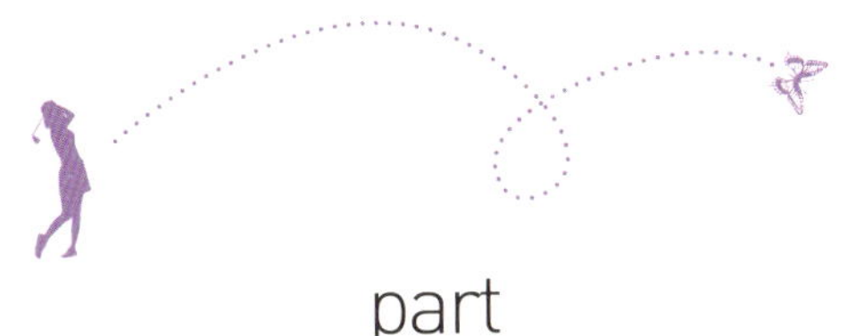

part
10

퍼팅,
반드시 넣어야겠죠?

퍼팅

경사별 퍼팅

퍼팅

퍼팅 기술을 향상시켜 실수를 줄이는 것이
곧 스코어를 줄이는 가장 현명한 지름길임을 기억해 두자.

"또 하나의 게임."

누구나 골프를 하면서 한 번쯤은 들어봤을 것이다. 바로 퍼팅을 적절히 설명하는 다른 표현이다. 단순할 것 같지만 생각처럼 쉽지 않다.

프로 역시 퍼팅 연습에 많은 시간을 할애한다.

퍼팅은 스코어에도 절대적인 영향을 미친다. 통계에 따르면 골프 스코어의 68%가 쇼트 게임에서 이루어지며, 그중 퍼팅이 차지하는 비율은 전체 스코어의 43%라고 한다.

Point

→ 퍼팅 어드레스 방법

- 양발과 지면을 수직으로 만든다.
- 스탠스는 어깨너비 정도 혹은 그것보다 약간 좁게 선다.
- 상체를 자연스럽게 숙인다.
- 양팔을 자연스럽게 늘어뜨린다.
- 무릎은 너무 구부리지 말고 편하게 선다.
- 양손과 팔을 오각형 모양으로 만든다.

〈퍼팅 어드레스〉

→ 안정적인 퍼팅 방법

–양팔을 편안히 늘어뜨린다.

양팔을 늘어뜨린 후 그립을 잡는 것이 좋다. 양팔을 편안히 늘어뜨린 느낌이 들지 않는 경우에는 스트로크 시 퍼팅 궤도가 흔들리기 쉽다.

–어드레스는 퍼팅 라인과 평행으로 만든다.

어드레스 때 발만 평행해서는 안 된다. 양 어깨와 허리도 퍼팅 라인과 평행으로 만들자. 퍼팅이 잘 안 될 때는 퍼팅 라인과 몸이 평행 상태인지 확인한다.

–오른손 손목을 고정한 다음에 친다.

오른손 손목을 고정한 채 스트로크해야 볼이 의도한 방향으로 굴러간다. 손목이 고정된 상태로 끝까지 밀어 주면 퍼터 페이스와 볼이 스퀘어로 만나 똑바로 구를 수 있다.

–거리에 맞게 백스윙 크기를 조절한다.

퍼팅할 거리는 스트로크의 강약보다는 백스윙의 크기로 조절하는 것이 좋다.

경사별 퍼팅

어드레스하기 전,
머릿속으로 퍼팅 라인을 그려 보자.

경사를 충분히 봤을 경우와 경사를 충분히 보지 않았을 경우, 볼의 흐름과 속도는 달라질 수밖에 없다. 또한 강하게 칠 것인가(때릴 것인가), 약하게 칠 것인가(굴릴 것인가)에 따라 경사도를 달리 볼 수 있다.

훅이나 슬라이스 경사에서는 충분한 경사, 즉 최고점을 목표 방향으로 잡아야 하며, 오르막이라면 경사도를 약간 낮게 보고 강하게 치는 것이 좋다.

Point

→ 오르막 경사 퍼팅 방법

- 그립을 강하게 잡으면 볼이 구르는 거리가 짧아진다.
- 그립은 가볍고 견고하게 잡는다.
- 평소보다 조금 더 크게 백스윙한다.
- 팔로스루는 평소보다 부드럽고 크게 홀 뒤의 벽을 맞힌다는 느낌으로 한다.

→ 내리막 경사 퍼팅 방법

- 그립은 가볍고 견고하게 잡는다.
- 팔로스루는 평소보다 부드럽고, 작게 한다.
- 경사가 심한 경우에는 퍼터의 스위트 스폿이 아닌 토를 이용하여 볼이 덜 구르게 하는 것도 좋은 방법 중 하나이다.

→ 3가지 퍼팅 연습 방법

- 퍼터 위에 볼 마크를 올려놓고 스트로크 후 볼이 있던 자리에 떨어지게 연습하며 일정한 리듬을 만들어 보자.
- 볼 마크를 치고 지나간다는 느낌으로 지면을 스치듯 낮은 스윙으로 연습을 해 흔들림을 줄이자.
- 클럽 헤드에 볼 두 개를 두고, 클럽 페이스가 스퀘어로 변화 없이 맞아 나가도록 연습한다. 이때 클럽 페이스에 두 볼이 동시에 맞는 것이 중요하다.

→ 거리별 퍼팅 연습 방법

–쇼트 퍼팅 연습 방법

쇼트 퍼팅은 방향성이 중요하다.

롱 퍼팅 때 그립보다는 조금 더 강하게 잡는다.

- 짧은 간격으로 티를 꽂아 놓고 일정한 스트로크를 만든다.
- 홀을 중심으로 다섯 걸음까지 한 걸음마다 볼을 놓고 차례로 홀에 넣는 연습을 한다.

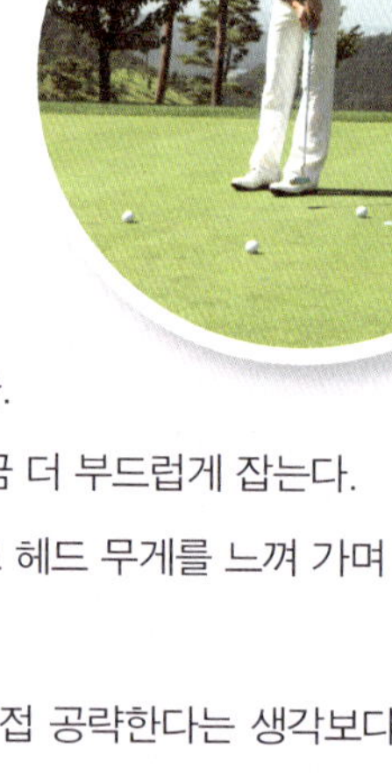

–롱 퍼팅 연습 방법

롱 퍼팅은 거리감이 중요하다.

쇼트 퍼팅 때 그립보다는 조금 더 부드럽게 잡는다.

- 오른손 하나로 퍼터를 잡고 헤드 무게를 느껴 가며 연습 스윙을 해본다.
- 롱 퍼팅을 할 때는 홀을 직접 공략한다는 생각보다는 홀 주변에 큰 원을 그려 그 원 안에 볼을 넣는다는 생각으로 해야 한다. 그린에서 손으로 볼을 굴려 보면 먼 거리의 거리감을 익히는 데 도움이 된다.

→ 퍼팅 팁!

–퍼팅은 홀을 지나가게!

연습 시 항상 홀을 30cm 정도 지나가게 쳐보자.

–넣을 것인가, 가까이 붙일 것인가?

긴 거리라고 생각되는 퍼팅은 홀 가까이에 붙인다는 생각만 하자.

–칠 때는 무조건 자신 있게!

주눅 들지 말고 정확하고 자신 있게 치는 습관을 기르자.

–볼 위치 찾는 방법

몸과 볼과의 적절한 거리를 알고 싶을 때에는 눈높이에서 볼을 떨어 뜨려 위치를 찾아보자.

- 어드레스 자세를 취한 후 볼을 집어 눈에 대고 떨어뜨린다.
- 볼이 떨어진 위치를 확인한다.

〈일반적인 퍼팅 루틴의 예〉

퍼팅은 다른 샷과 달리 심리적 영향을 많이 받는 편이다. 이를 예방하려면 '자신만의 루틴'을 정해 두는 것이 좋다. 언제나 자신만의 루틴을 일정하게 유지할 수 있다면 평정심 유지에 큰 도움이 될 것이다. 퍼팅에 도움이 되는 루틴의 예를 알아보자.

1 그린 상태를 살펴본다.

2 목표 방향을 설정한다.

3 홀을 보면서 연습 스트로크를 한다.

"퍼팅 준비 과정을 간소하게 만들자.
좋아하는 선수나 퍼팅을 잘하는 선수의 루틴을 따라해 보자."

4 오른발을 내밀고 클럽 페이스를 목표 방향에 맞춘다.

5 스탠스를 취하며 어드레스를 한다.

6 자신있게 스트로크한다.

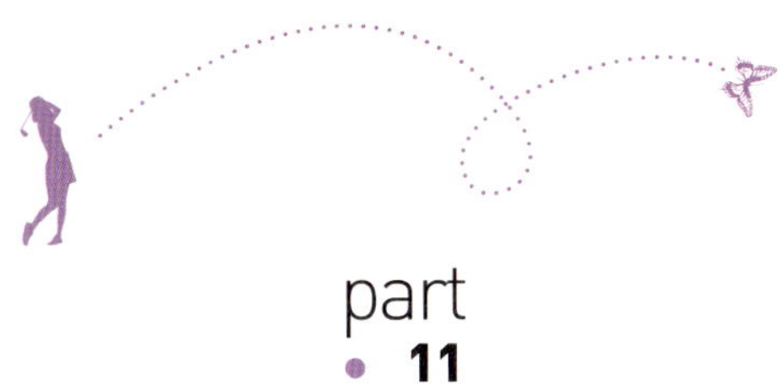

part
• **11**

어느 날,
고질병에 걸리셨다고요?

생크

토핑

더프 샷

생크

생크는 볼이 클럽 페이스의 목 부분에 맞아 오른쪽으로 가파르게 튀어나가는 어이없는 샷을 말한다. 볼을 정확하게 홀에 붙이려는 의욕이 앞서 몸과 볼의 간격이 지나치게 가까워지는 경우 주로 발생하며, 다른 클럽에 비해 웨지처럼 짧은 클럽에서 더 자주 나타난다.

체중이 앞으로 쏠릴 경우에도 생크가 발생하기 쉬우므로 주의하자.

다운스윙 시 아웃사이드 인 될 경우 역시 생크가 발생하기 쉽다.

몸과 볼의 간격을 체크해 보자.

생크 원인

- 몸과 볼 사이의 거리가 지나치게 가까울 때
- 체중이 앞쪽으로 지나치게 쏠려 있을 때
- 다운스윙이 아웃사이드 인으로 될 때

Point

→ 생크 해결 방법

- 몸과 볼의 간격을 더 멀리한다.
- 체중을 발뒤꿈치 쪽으로 옮긴다.
- 다운스윙을 할 때에는 손을 몸 쪽으로 더 가까이 끌어당긴다.

몸과 볼의 거리가 지나치게 가까울 경우 생크가 발생하기 쉽다.

몸과 볼의 간격을 더 멀리하고, 체중을 발뒤꿈치 쪽으로 옮긴다.

토핑

"스윙 내내 머리는 들지 말고
무릎은 고정한다."

토핑은 볼 윗부분이 클럽에 맞아 정상 로프트보다 아주 낮은 탄도로 볼이 날아가는 경우를 말한다. 여러가지 원인으로 임팩트 때 몸이 일어서는 헤드업이 나타나면 토핑이 발생된다. 또한 오르막 경사에서 스윙할 경우, 볼 위치가 지나치게 왼쪽으로 치우쳐도 토핑이 발생한다. 연습 스윙으로 잔디를 스쳐 쳐본 후 스윙의 최저점이 어디인지 정확히 확인한 후 볼 위치를 정해 주는 것이 필요하다.

다운스윙과 임팩트의 연결 동작에서 무릎이 펴질 경우
토핑이 발생하기 쉽다.

토핑 원인

- 몸과 볼 사이의 거리가 지나치게 멀 때
- 그립을 지나치게 짧게 잡았을 때
- 체중이 뒤쪽으로 지나치게 쏠려 있을 때
- 임팩트 시 무릎이 펴질 때
- 클럽 헤드가 임팩트 시 최저점에 도달하지 못할 때

Point

→ 토핑 해결 방법

- 몸과 볼 사이의 간격을 더 가까이한다.
- 그립을 길게 잡아 클럽 헤드 무게를 느낀다.
- 체중을 발 앞쪽으로 옮긴다.
- 임팩트를 할 때 무릎 높이를 최대한 유지한다.
- 임팩트 이후 볼 앞쪽에 디봇을 만들어 본다.

몸의 움직임이 많을 경우 토핑이 발생하기 쉽다.

더프 샷

❝ 임팩트 순간 손목이 풀리지 않도록 한다. ❞

더프 샷(뒤땅)은 볼 뒤의 땅을 먼저 쳐 볼을 직접 맞추지 못하는 샷으로 흔히 '뒤땅'이라고 표현하기도 한다. 손목이 일찍 풀릴 때 자주 나타난다.

* 스쿠핑은 임팩트 순간에 왼 손목이 바깥쪽으로 꺾이면서 클럽 헤드가 손을 앞지르는 현상이다.

Point

더프 샷 원인

- 몸과 그립 끝의 간격이 지나치게 가까울 때
- 그립을 지나치게 느슨히 잡았을 때
- 다운스윙을 하다 오른쪽 어깨가 떨어졌을 때
- 임팩트를 하다가 스쿠핑 현상이 일어났을 때

→ 더프 샷 해결 방법

- 몸과 그립 끝의 간격을 주먹 하나 정도로 해준다.
- 그립을 견고하게 잡는다.
- 다운스윙 시 양 어깨를 수평에 가깝게 만든다.
- 클럽 헤드를 목표 방향보다 오른쪽으로 보낸다.

볼을 올려 치는 느낌이 아니라, 치고 바로 걸어 나가는 느낌으로 스윙한다.

연습 방법으로는 볼 앞에 또 하나의 볼 또는 동전을 놓고 그 앞의 볼(동전)까지 치고 나간다는 느낌으로 한다.

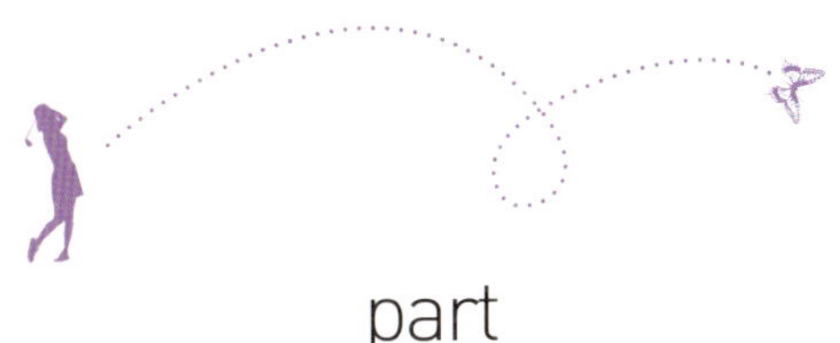

part
12

고수들은 이럴 때 어떻게 할까요?

편치 샷

콘트롤 샷

비 올 때 라운드 요령

펀치 샷

" 피니시는 생략된다는 느낌으로 하고 머리, 가슴, 엉덩이, 무릎이 목표점을 향한 자세를 유지한 상태에서 몸을 낮춘다. "

일반적으로 볼의 탄도가 낮은 궤도의 샷을 펀치 샷이라고 말한다. 펀치 샷은 맞바람이 불 때, 장애물 사이로 볼을 낮게 보내야 할 때, 핀 앞 그린에 여유 공간이 있을 때 등 다양한 상황에서 사용할 수 있는 기술이다. 또한 어깨에 무리한 동작을 할 수 없거나 상체 근육이 발달한 골퍼라면 한번쯤 시도해 보면 좋다.

백스윙 시에는 왼팔을 가슴에 붙인다는 생각으로 간결하게 들어 어깨와 엉덩이의 회전을 줄인다. 백스윙 톱에서 다운스윙까지는 왼팔을 강하게 사용해 가파른 다운스윙을 한다.

→ 펀치 샷 방법

- 목표 방향보다 약간 왼쪽을 바라본다.
- 약간 오픈 스탠스로 선다.
- 그립은 평소보다 강하고 짧게 내려 잡는다.
- 어드레스 시 손은 볼보다 앞쪽에 둔다.
- 볼은 평소보다 오른쪽에 둔다.
- 체중의 60~70%를 왼발에 실어 준다.
- 3/4 스윙을 한다.
- 다운스윙은 가파르게 한다.
- 피니시는 생략된 느낌으로 한다.

콘트롤샷

"콘트롤 샷은 풀 스윙으로는 제거리를 내지 못할 상황에서 거리감을 맞추기 위해 사용하는 기술적인 샷이다."

콘트롤 샷은 볼이 경사면에 놓여 있을 때, 클럽 선택과 거리가 애매할 때, 바람이 불 경우에 시도하면 좋다.

Point

→ 짧은 클럽을 잡고 길게 보낼 때의 방법

- 홀이 낮을 때, 뒤에서 바람이 불어올 때, 길게 치면 문제가 생길 때에 좋다.
- 그립은 평소대로 잡는다.
- 볼 위치는 평소보다 오른쪽에 둔다.
- 풀 백스윙을 한다.
- 풀 피니시를 한다.

→ 긴 클럽을 잡고 짧게 보낼 때의 방법

- 홀이 높을 때, 맞바람이 불 때, 짧게 치면 문제가 생길 때에 좋다.
- 그립은 짧게 내려 잡는다.
- 볼 위치는 평소보다 왼쪽에 둔다.
- 3/4 스윙을 한다.
- 3/4 피니시를 한다.

〈짧은 클럽을 사용해 길게 보내는 방법〉

〈긴 클럽을 사용해 짧게 보내는 방법〉

비 올 때 라운드 요령

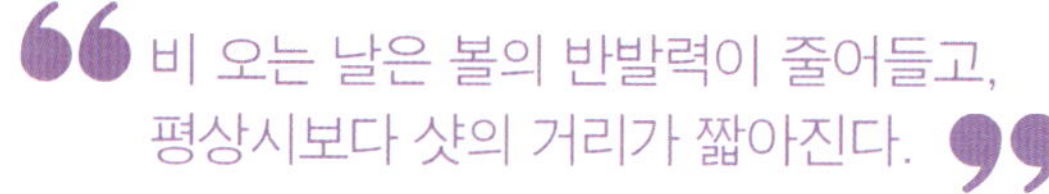

비 오는 날의 라운드는 여러모로 불편하게 마련이다. 옷이 젖어 신경 쓰이고, 페어웨이가 젖어 있어 미스 샷도 자주 나오며, 퍼팅도 집중하기 어렵다. 또한 클럽 페이스와 볼에 빗물이 묻어 볼의 반발력이 줄어들고, 습도가 높아 평상시에 비해 샷의 거리도 짧아진다. 뿐만 아니라 볼을 정확히 맞추지 못할 경우에는 클럽 헤드가 잔디에 감겨 헤드 스피드까지 떨어져 버린다.

Point

→ 비 올 때 샷 하는 방법

- 페어웨이가 젖어 있어 런이 적기 때문에 평소보다 티를 높게 꽂는다.
- 세컨 샷을 할 때에는 한두 클럽 정도 여유 있게 선택한다.
- 그립은 평소보다 강하고 짧게 잡는다.
- 짧은 어프로치일 경우 로프트가 큰 웨지로 홀을 직접 공략한다.
- 그린에서는 빗물의 저항이 있으므로 평소보다 과감한 스트로크로 퍼팅한다.

〈비 오는 날 라운드〉

티는 평소보다
높게~
그린의 상태를
빠르게 파악
비 오는 날에는
과감한 피치 샷~
빗물의 저항이
있으므로 평소보다
과감하게 스트로크!!

부록

—

필드 가는 날

—

코스 나가기 전에 준비해야 할 것들 • 집에서 출발하여 골프장에 도착할 때까지 • 라운드 시작 전부터 끝날 때까지의 순서 • 티 꽂는 방법 • 신속한 플레이를 위한 방법 • 순서 지키기 • 드롭하는 방법 • 홀 인 된 볼을 줍는 방법 • 캐디 이름 부르기 • 벙커 정리하는 방법 • 볼 마크하는 방법 • 스코어카드 작성 방법 • 티잉 그라운드, 스루 더 그린에서 지켜야 할 에티켓 • 그린에서 지켜야 할 에티켓

코스 나가기 전에 준비해야 할 것들

클럽 외에 골프장에 갈 때 가져갈 용품들을 알아보자.
없으면 곤란한 용품도 있으므로 골프장에 가기 전날 잘 챙기자!

골프백

클럽, 볼, 장갑, 티, 볼 마크, 바람막이, 우산,
디봇 수리기, 이름표 등

보스턴백

골프웨어, 골프화, 모자, 양말, 화장품 등

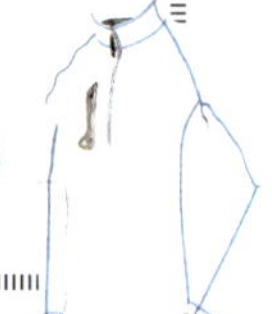

손가방

핸드폰, 자외선 차단제, 자동차 키,
지갑, 선글라스 등

집에서 출발하여 골프장에 도착할 때까지

필드에 나서기 전날, 골프장 예약 시간과 약속 시간을 확인하고 당일에는 출발했음을 알린다.

집에서 출발

한 시간 전에는 골프장에 도착하는 것이 좋으며, 아무리 늦어도 예약 30분 전에는 도착해야 한다.

클럽하우스 도착

주차를 한 후, 보스턴백을 들고 클럽하우스 프론트 데스크로 간다.

프론트에서 접수

데스크에서 접수를 하고 로커번호를 받는다.

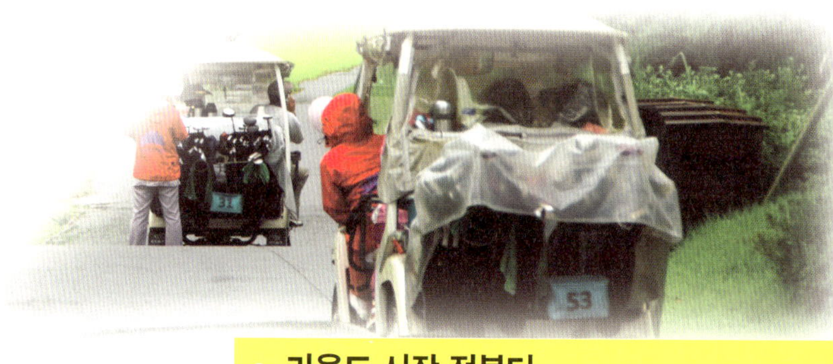

라운드 시작 전부터

- 로커에서 옷 갈아입기
- 소지품 챙겨 나가기
- 간단하게 식사 또는 티 타임
- 10분 전 스타트 홀로 이동하기
- 가볍게 스트레칭하고 몸 풀기
- 골프백에서 볼, 장갑, 마크, 티 준비하기
- 사용할 볼을 확인하기
- 첫 홀 티 샷 순서를 정하기
- 정해둔 순서에 따라 티 샷
- 라운드하기

끝날 때까지의 순서

• 그늘집에서 간단한 식 · 음료 또는 휴식을 취하기

• 18홀을 마치면 동반자들에게 감사의 인사말 "즐거웠습니다.""감사했습니다."

• 캐디에게도 인사하기

• 클럽 교환권을 받기

• 옷과 신발을 턴 다음 클럽하우스에 들어가기

• 샤워하고 옷을 갈아입기

• 로커에서 짐을 정리하기

• 프런트에 로커 키를 반납하기

티 꽂는 방법

위치를 선정하지 못해 갈팡질팡하는 골퍼, 티 하나 꽂고 그 다음 티 위에 볼을 올리는 골퍼, 엉거주춤 서서 글씨를 맞추는 골퍼, 얌전히 쭈그려 앉아 티 꽂는 골퍼 등 필드에 나가면 다양한 모습으로 티를 꽂는 골퍼들을 만날 수 있다. 언제 올려놓고 볼을 치려고 하는지 답답할 때가 많이 있다. 티 꽂는 위치와 방법만으로도 골퍼의 실력을 알 수 있다. 시간이 주어진다면 티 꽂는 레슨을 해 주고 싶다.

정확한 위치에 폼 나게 티 꽂는 방법에 대해 알아보자.

티 꽂는 위치

- 티 마크 두 개의 위치를 먼저 확인한 다음 발이 평평한 곳을 찾는다.
- 티 마크가 바라보는 방향과 목표 방향이 일치하는지 살펴본다.
- 코스가 넓게 보이는 위치에 티를 꽂은 뒤, 자신의 구질에 따라 위치를 선정한다.
- 어드레스를 취해 본 다음 티를 꽂는다.
- 티 꽂는 위치는 티 마크 선상에서 후방 두 클럽 이내로 한다.

티 꽂는 방법

- 검지와 중지 사이에 티와 볼을 함께 잡는다.
- 허리를 숙인 상태로 무릎을 살짝 굽히고 티를 꽂는다.
- 손에 쥔 티와 볼을 한 번에 꽂는다.

신속한 플레이를 위한 방법

- 초보 골퍼일 경우 최대한 빨리 자신의 볼 위치로 움직인다.
- 자신의 차례가 돌아오면 바로 칠 수 있도록 준비를 해둔다.
- 볼을 칠 때는 여유 있게, 이동은 신속하게 한다.
- 티잉 그라운드에서 먼저 양해를 얻은 골퍼가 있다면 그 사람부터 샷을 해도 된다.
- 어드레스 시간을 너무 길게 끌거나 3번 이상 연습 스윙을 하지 않도록 한다.
- 동반자의 볼이 어디로 떨어졌는지 살펴보고 위치를 알려 준다.
- 사용할 클럽은 2~3개 정도 여분으로 가져간다.
- 동반자가 퍼팅할 때 퍼팅 라인과 거리를 미리 살펴 둔다.
- 컨시드(OK)를 받으면 볼을 줍는다.

순서 지키기

- 첫 홀에서 누가 먼저 칠 것인지 동반자 간에 순서를 정한다.
- 첫 티 샷 이후 세컨 샷부터는 홀에서 멀리 있는 사람부터 순서대로 친다.
- 두 번째 홀부터는 바로 앞 홀의 성적이 좋은 사람부터 친다.
- 성적이 똑같은 경우에는 앞 홀의 순서대로 친다.

드롭하는 방법

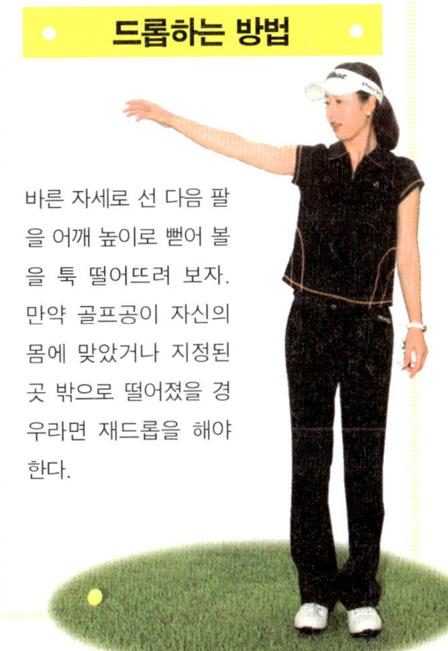

바른 자세로 선 다음 팔을 어깨 높이로 뻗어 볼을 툭 떨어뜨려 보자. 만약 골프공이 자신의 몸에 맞았거나 지정된 곳 밖으로 떨어졌을 경우라면 재드롭을 해야 한다.

홀 인 된 볼을 줍는 방법

볼을 주울 때 웅크리고 앉아 줍는 골퍼들을 만나게 될 때가 있다. 이왕이면 한쪽 다리로 지탱하거나 무릎을 펴서 볼을 줍는 것이 좋다.

벙커 정리하는 방법

다음 플레이어를 위해 벙커는 자신이 직접 정리하자.

- 벙커에 들어갈 때는 볼과 가까운 지점에서 들어간다.
- 샷한 다음 바로 집을 수 있도록 고무래는 가까운 곳에 둔다.
- 발자국이나 움푹 파인 자국이 남지 않도록 평평하게 만든다.
- 볼을 치고 난 후에는 걸어 나온 발자국도 깔끔하게 정리한다.

캐디 이름 부르기

종종 캐디에게 "언니야!" "어이!" "아가씨!"라고 부르는 경우를 볼 수 있다. 이름 뒤에 "OO씨." "OO양." 이라고 부르는 것이 예의이다. 예를 들어 최여진이라면 "여진 씨." "여진 양.", 백두산이라면 "두산 씨." "두산 군"이라고 불러야 한다.

볼 마크하는 방법

볼이 그린에 있을 때에는 손으로 직접 주워 올리는 것이 가능하다. 굳이 도우미가 올 때까지 기다리지 말고 스스로 마크하는 습관을 길러 보자.

볼은 홀을 향해 볼 바로 뒤쪽에서 마크하고 난 다음에 주워야 한다. 만약 마크를 하지 않고 집어 든다면 1벌타를 받게 된다.

스코어카드 작성 방법

페어웨이 적중률, 그린 적중률, 퍼팅 수를 작성해 좋은 샷과 그렇지 못한 샷을 파악하고 싶다면 자신이 직접 스코어카드를 작성하자. 본인의 취약점을 빨리 찾아낼 수 있도록 도와주며, 특히 라운드 직후에 바로 점검해 보는 것이 가장 좋다. 10분이라도 투자하는 버릇을 만들자. 좋은 샷은 골퍼의 노력과 정성에 비례하는 법이다.

기준 타수 · 스코어 기입란

OUT COURSE

DATE — 날짜

소속 또는 단체명 — COMPETITION

출발: 도착:

홀 넘버 · 백 티로부터의 거리 · 레귤러 티로부터의 거리 · 핸디캡

HOLE No	LEFT BACK (Y)	LEFT REG. (Y)	PAR	님	님	티 샷님	F 님	RIGHT BACK (Y)	RIGHT REG. (Y)	HCP
1	378	363	4	4 / ② (퍼팅수)		↑	O	478	478	5
2	483	453	5			↑	O	420	418	2
3	144	123	3			↖ L	X	405	381	9
4	292	271	4			R ↗	X	181	158	8
5	532	509	5					356	331	1
6	362	332	4					357	323	6
7	181	153	3					578	557	4
8	354	319	4					157	154	7
9	370	354	4					427	402	3
OUT (아웃 코스 스코어 합계)	3.096	2.877	36					3.377	3.202	

IN COURSE

HOLE No	LEFT BACK (Y)	LEFT REG. (Y)	PAR	님	님	티 샷님	F 님	RIGHT BACK (Y)	RIGHT REG. (Y)	HCP
10	495	471	5					116	116	5
11	358	344	4					173	149	6
12	174	149	3					345	289	8
13	362	339	4					532	507	4
14	388	363	4					335	335	3
15	334	310	4					325	325	7
16	182	158	3					385	362	1
17	485	460	5					171	157	9
18	406	379	4					484	471	2
IN (인 고스 스고이 합계)	3.104	2.973	36					2.866	2.711	
TOTAL (M) (그로스 스코어)	6.280	5.850	72					6.243	5.913	
HANDICAP										
NET SCORE (넷 스코어)										

티 샷의 방향 : L(왼쪽) , R(오른쪽)
페어웨이 적중률(F) : O , X

MARKER'S SIGNATURE — 마커의 사인란

PLAYER'S SIGNATURE — 플레이어의 사인

〈스코어 카드〉

티잉 그라운드, 스루 더 그린에서 지켜야 할 에티켓

- 볼을 치기 위해 스윙할 때는 물론 연습 스윙을 할 때에도 주변에 사람이 있는지 살펴본다.
- 다른 사람이 어드레스에 들어가면 조용히 지켜본다.
- 상대방이 샷을 할 때에는 연습 스윙을 하지 않는다.
- 치는 사람 이외에는 티잉 그라운드에 들어가지 않는다.
- 홀에서 먼 순서대로 볼을 친다.
- 동반자뿐 아니라 앞 팀의 안전거리도 살펴본 다음 샷을 한다.
- 코스에서 작업 중인 사람이 있다면 샷을 하기 전에 경고한다.
- 어드레스 시간을 오래 끌어 플레이를 지연시키지 않는다.
- 볼이 떨어지는 지점으로 이동할 때에는 2~3개 정도 클럽을 가지고 간다.
- 다른 방향으로 볼이 날아갈 때에는 반드시 "포어fore!"라고 소리쳐 위험을 알린다.
- 미스 샷이 나왔을 때 화를 내거나 창피함을 나타내지 않는다.
- 디봇을 원상 복구해 둔다.
- 벙커 정리를 잘해 둔다.

그린에서 지켜야 할 에티켓

- 그린에 볼이 떨어진 자리를 보수한다.
- 골프화로 그린을 상하게 하지 않는다.
- 온 그린이 되면 볼 마크를 한다.
- 어드레스 시간이나 라인을 읽는 시간을 오래 끌지 않는다.
- 홀에서 먼 순서대로 볼을 친다.
- 동반자의 라인을 밟지 않는다.
- 상대방이 퍼팅할 때에는 라인 선상(앞뒤)에 서 있지 않는다.
- 동반자가 모두 퍼팅을 종료하기 전에는 그린을 떠나지 않는다.
- 상대방이 퍼팅하고 있을 때에는 연습 퍼팅을 하지 않는다.
- 퍼팅이 끝나고 아쉬움이 남아도 연습 퍼팅을 하지 않는다.
- 퍼팅할 때에는 옆에서 떠들지 않는다.
- 퍼팅에 방해되는 행동을 하지 않는다.

최여진의 헬로 골프

초판 1쇄 인쇄 2011년 11월 10일
초판 1쇄 발행 2011년 11월 15일

지은이 최여진
사진 박태성 · 임대혁
헤어 · 메이크업 brand m 원장 스텔라, 부원장 이유미

펴낸이 김연홍
펴낸곳 아라크네

출판등록 1999년 10월 12일 제2-2945호
주소 121-865 서울시 마포구 연남동 224-57
전화 02-334-3887 **팩스** 02-334-2068

ISBN 978-89-92449-78-6 13690
※ 잘못된 책은 바꾸어 드립니다.
※ 값은 뒤표지에 있습니다.

「이 도서의 국립중앙도서관 출판시도서목록(CIP)은 e-CIP홈페이지(http://www.nl.go.kr/ecip)와 국가자료공동목록시스템(http://www.nl.go.kr/kolisnet)에서 이용하실 수 있습니다.(CIP제어번호: CIP2011004112)」